Le Grand Livre des

Fleurs Séchées

Le Grand Livre des

Fleurs Séchées

Malcolm Hillier Colin Hilton

Solar

Titre original de cet ouvrage
THE BOOK OF DRIED FLOWERS
Traduction-adaptation française de Valérie Garnaud

ISBN 2-263-01147-1
Numéro d'éditeur 1430
Composé par Optigraphic, France
Imprimé en Italie

SOMMAIRE

Introduction

Les fleurs occupent une place importante dans notre vie. Elles s'épanouissent comme des joyaux dans la nature et fleurissent jusqu'au cœur des villes les plus peuplées. Elles sont au rendez-vous de tous les grands événements de la vie, apportant joie et bonheur. Elles sont tout simplement capables de transformer notre humeur.

Pourquoi des fleurs séchées ?

Si les fleurs fraîches sont précieuses par leur caractère éphémère (comme la courte vie d'une brassée de pois de senteur parfumés ou d'un vase débordant de pivoines estivales), il n'en est pas moins satisfaisant de savoir que le plaisir qu'apportent les fleurs peut être plus durable. Les feuilles, fleurs et fruits de la plupart des plantes peuvent être séchés et ainsi se conserver plus longtemps.

Certaines fleurs et feuilles gardent leur parfum au séchage. Elles sont utilisées depuis fort longtemps, à la fois pour décorer et pour parfumer les intérieurs. Autrefois, on répandait des pétales de rose pour parfumer l'atmosphère. Des récipients en filigrane et des sachets étaient remplis de feuilles et fleurs séchées et parfumées que l'on plaçait dans les tiroirs et les armoires. Au XVIIe siècle, on portait des petits bouquets de feuilles et de fleurs séchées aromatiques pour se garantir contre la peste.

Au XIXe siècle, l'imagination des amateurs de plantes séchées fut aiguillonnée par les grands voyageurs botanistes qui parcouraient la planète. Chez eux, les passionnés constituèrent de fantastiques collections de fleurs et feuilles pressées, et composèrent des arrangements de graminées et fleurs séchées. Depuis, l'intérêt porté aux fleurs séchées fluctue au fil des ans, allant en s'amenuisant jusqu'au début des années 70, où l'on ne trouvait plus chez les fleuristes que quelques graminées, statices et immortelles, souvent teintes de couleurs criardes. Depuis quelques années, les fleurs séchées font l'objet d'un nouvel engouement, grâce à une mode venue du nord de l'Europe.

Le séchage à l'air

Nous avons commencé, il y a dix ans, à faire sécher des fleurs au plafond de notre boutique de fleuriste, avec l'idée de redonner aux fleurs séchées leurs lettres de noblesse. Le plafond fut rapidement envahi et la boutique transformée en caverne tapissée de fleurs. Le séchage à l'air, en petits bouquets suspendus la tête en bas, s'est rapidement révélé être le procédé le plus simple et le plus efficace. Nous l'avons essayé avec de nombreuses espèces sauvages, cultivées dans les jardins ou achetées chez des fleuristes ou des horticulteurs.

Nous avons ainsi découvert qu'il était possible de disposer d'une gamme de teintes naturelles des fleurs séchées les plus courantes, telles qu'immortelles, statices, helipterums, beaucoup plus étendue que celle que l'on trouvait jusqu'alors dans le commerce. Nous nous sommes ensuite progressivement approvisionnés en roses, delphiniums vivaces ou annuels, astilbes, gypsophile et mimosa, et en bien d'autres fleurs encore, ainsi qu'en graminées, fruits et feuillages décoratifs. La liste s'est allongée d'année en année et le nouvel intérêt suscité par les fleurs séchées a entraîné, un peu partout dans le monde, le développement de cultures spécialisées dans la production de fleurs destinées au séchage.

Grâce aux vastes réseaux de distribution, vous pouvez ainsi trouver dans le commerce des fleurs et feuillages séchés venant de pays lointains.

Toute la gamme des tons
Cette ancienne jarre à huile cerclée de rotin déborde de fleurs, dont les tons vont des rouges sombres, à gauche, à des roses pâles, sur la droite. Les fleurs utilisées sont des roses, pieds-d'alouette, immortelles, ails d'ornement, amaranthes, roseaux et une protée argentée.

Autres techniques de séchage

Si le séchage à l'air représente généralement la méthode la plus simple et la plus efficace, il existe d'autres techniques pour conserver les plantes.

Dessiccatifs chimiques ou sable peuvent être utilisés pour absorber l'humidité des végétaux. Cette méthode, moins simple que le séchage à l'air, donne, si vous avez la patience nécessaire, de très belles fleurs. Bien que fragiles, celles-ci gardent l'essentiel de leurs teintes et de leur texture d'origine. Roses, pivoines, hellébores, lis, orchidées, tulipes et zinnias se conservent particulièrement bien par cette technique.

La glycérine peut remplacer l'eau contenue dans les tissus pour de nombreux feuillages et certaines fleurs. De cette façon, les plantes gardent leur souplesse, mais malheureusement perdent le plus souvent leurs couleurs. Celles qui demeurent les plus décoratives après ce traitement sont l'eucalyptus et les clochettes d'Irlande (*Molucella* sp.).

Vous trouverez également dans cet ouvrage des explications sur la façon de presser feuilles et fleurs entre des épaisseurs de papier absorbant. Comme le séchage avec des dessiccatifs, cette méthode préserve les teintes, mais les matériaux séchés sont aplatis et donc non utilisables en bouquets. Pour les mettre en valeur, il faut les placer sous verre et les encadrer.

Les joies de la composition florale

Les techniques de culture et de séchage des fleurs, ou simplement l'achat de différentes espèces de fleurs séchées, ne sont que le début du procédé créatif de la composition florale. Ce passe-temps très agréable peut avoir des vertus thérapeutiques, tous vos soucis étant rapidement oubliés une fois que vous vous plongez dans la réalisation d'un bouquet.

Si ce livre se veut utile en vous présentant différentes techniques pour préparer des compositions à base de fleurs séchées, il importe cependant de souligner qu'il n'existe pas de règles strictes pour disposer les fleurs, pas de listes de fleurs séchées qui se marient mieux que d'autres, pas de combinaisons de couleurs plus réussies que d'autres. Il faut au contraire vous laisser guider par la nature pour réaliser un bouquet. L'aspect trop formel de nombreuses compositions de fleurs fraîches ou séchées est souvent décevant.

Le propos de cet ouvrage est de présenter une large gamme de plantes que l'on peut cultiver et faire sécher, et de donner quelques suggestions sur la manière de les arranger, souvent inspirées de la façon dont les plantes poussent et des formes qu'elles dessinent dans le paysage. Certaines de ces compositions sont simples, d'autres, plutôt destinées à des occasions spéciales, sont plus complexes. Toutes cherchent à garder un aspect naturel reflétant une certaine harmonie entre les végétaux.

Chacun d'entre nous a besoin d'inspiration pour développer sa propre créativité et c'est là un autre objectif de ce livre, qui s'ajoute à celui de la présentation des techniques élémentaires nécessaires pour faire sécher et disposer les fleurs séchées.

Un bouquet délicat (à gauche)
Ce bouquet de monnaie-du-pape, gypsophile, bleuets, minuscules roses rouges, pieds-d'alouette et helipterums se marie joliment au vase en verre recouvert de papier argenté et de morceaux de papiers colorés.

Vue de dessus (à droite)
Ce panier en osier déborde de graminées des champs associées à de petites immortelles jaunes, anaphalis, helipterums, achillées et silènes. Vu de dessus, l'effet est très réussi.

PLANTES DU JARDIN POUR LE SÉCHAGE

Si vous avez la chance d'avoir un jardin, petit ou grand, il n'est pas difficile d'y faire pousser des plantes que vous pourrez cueillir, faire sécher et utiliser dans vos compositions. Le fait de suivre toutes les opérations, de la culture au bouquet en passant par le séchage, vous permettra de profiter des plantes, fraîches puis séchées. C'est en outre une expérience très enrichissante en elle-même. L'échelle de votre culture de fleurs séchées a peu d'importance. Il est tout aussi satisfaisant de faire sécher quelques bouquets de fleurs du jardin que d'arriver à garnir tout le plafond d'une pièce de bouquets suspendus. Dans un petit jardin ne mesurant que 6 × 9 m, par exemple, vous pouvez au moins faire pousser de quoi réaliser trois ou quatre grands arrangements de fleurs séchées, sans pour autant dégarnir le jardin. D'un plus grand jardin, vous pourrez bien sûr tirer plus de matériaux pour vos compositions.

Le plan du jardin

Le fait que les fleurs destinées à être séchées doivent être cueillies juste avant leur plein épanouissement est un élément important à prendre en compte pour préparer vos massifs. Le jardin doit en effet être décoratif le plus longtemps possible, et il ne s'agit pas de le dénuder en cueillant tous les boutons de fleurs prêts à s'ouvrir. Dans tout massif, l'intérêt naît de la juxtaposition de plantes de formes contrastées, de feuillages de tailles et de textures différentes (certains caducs, les autres persistants). Aussi les massifs du jardin doivent-ils être conçus de telle sorte qu'ils ne soient pas affectés de façon notable par la cueillette de quelques fleurs et feuillages destinés au séchage.

La plupart des jardins ont au moins un massif fleuri. C'est souvent une bande de terrain bordée d'un côté par une clôture ou une haie, de l'autre par la pelouse. Les bordures herbacées (consacrées exclusivement aux vivaces, dont les parties aériennes meurent en hiver) sont un peu passées de mode et remplacées par les bordures mixtes. Celles-ci associent vivaces, arbustes, plantes grimpantes, rosiers et annuelles en un mariage éclatant. De telles bordures mixtes sont décoratives quasiment en permanence, si elles sont bien conçues. Ce type de massif est idéal pour y glisser une sélection de plantes à sécher, vivaces et annuelles, qui peuvent être disséminées parmi rosiers et arbustes.

Si vous disposez déjà d'un massif d'arbustes associés à des vivaces, mais ne présentant pas suffisamment de matériaux à sécher, vous pouvez le restructurer en faisant de la place pour d'autres plantes quand les vivaces sont en dormance en hiver. Repérez la position des touffes avant l'hiver. Tout en laissant en place les arbustes bien situés, divisez les larges touffes de vivaces herbacées de façon à pouvoir disposer de petites taches d'autres vivaces à sécher et des annuelles que vous pourrez cultiver de semis et planter dehors au printemps ou au début de l'été, selon l'espèce. De nombreux joncs et fougères, qui donnent des frondes, des tiges et des fruits indispensables pour les grands bouquets secs, préfèrent généralement un sol très humide et seront mieux dans un coin particulier du jardin (voir p. 15).

Le choix des plantes

Qu'il s'agisse de créer ou de réaménager un massif, il est toujours bon de mettre sur le papier vos projets de plantation en y faisant figurer la hauteur et la largeur des plantes adultes, les teintes du feuillage et des fleurs, la période de floraison. Petit ou grand jardin, définissez les couleurs dominantes. Utilisez vos couleurs préférées, mais veillez à ce que la palette ne soit pas trop large, surtout pour un petit jardin. Si vous comptez apporter de nouvelles couleurs à un massif, essayez de choisir, pour les fleurs à planter, des teintes proches de celles déjà représentées.

Il y a assez peu d'espèces de plein soleil pouvant être cueillies pour le séchage si l'on ne veut pas non plus que le massif semble ensuite dégarni et défleuri.

Parmi les vivaces se plaisant en sol bien drainant, de pH à peu près neutre, on peut citer lavande, achillée (qui existe en blanc, rose ou jaune), roses de toutes teintes, delphiniums hybrides, pivoines (pour les grands jardins seulement, car la floraison est de courte durée), ails d'ornement, pavots, chardons et gypsophiles. Toutes gagnent à être plantées en groupe plutôt qu'isolément.

Mieux vaut également grouper les annuelles destinées au séchage. L'immortelle des jardins classique (*Helichrysum bracteatum*), originaire d'Australie, offre une belle palette de couleurs. Elle peut être blanche, rose-crème, lilas, jaune vif, rouge brillant ou orange, ce qui explique qu'elle ait été de tout temps recherchée comme fleur séchée, même si sa tige est un peu fragile. Il existe également de nombreuses variétés de statice (*Limonium* sp.) de teintes diverses, et il est possible d'acheter des graines en fonction de la couleur des fleurs. *Limonium suworowii* est particulièrement décoratif, avec des épis d'un rose soutenu en été. Helipterums et xéranthèmes, en rose ou en blanc, pieds-d'alouette dans les tons de bleu, rose et blanc, toutes ces annuelles créent de belles taches colorées et fleurissent tout au long de l'été au jardin.

Toutes peuvent se faire sécher à l'air (voir pp. 170-173).

Les plantes d'ombre

Il arrive que tout ou partie du jardin ne reçoive que peu, voire pas du tout de soleil, à cause de la proximité de hauts murs ou de l'ombre portée par de grands arbres ou des maisons voisines. Peu de plantes de situation

Bordures mixtes (ci-dessus)
Dans un grand jardin, vous pouvez vous offrir le luxe d'avoir de grands massifs mariant vivaces et arbustes. Ici, une allée invitant à la nonchalance passe entre des massifs rassemblant de nombreuses plantes dont beaucoup peuvent être cueillies pour le séchage, qu'il s'agisse de fleurs, de fruits ou de feuillages. Au début de l'été, ce jardin offre une profusion d'achillées blanches et jaunes, de delphiniums et d'alchémilles à faire sécher.

Panier estival (à droite)
Ce grand panier aux couleurs estivales est garni avec *Achillea ptarmica*, *Achillea filipendulina*, alchémilles et delphiniums. Cette disposition très naturelle des fleurs donne l'impression qu'il s'agit d'une brassée de fleurs fraîchement cueillies au jardin.

ombragée sèchent bien, mais elles valent la peine d'être cultivées. Encore une fois, c'est l'effet d'ensemble du jardin tout au long de l'année qui compte, la cueillette pour le séchage ne devant être considérée que comme un attrait supplémentaire.

Les fougères se plaisent à l'ombre pour la plupart, et de nombreuses espèces ont des formes particulièrement décoratives. Certaines ont même un feuillage persistant. Les frondes de fougères sèchent bien sous presse. Dans un grand jardin, *Osmunda regalis*, l'osmonde royale, fera beaucoup d'effet. En conditions favorables (cette fougère aime avoir les pieds humides), elle développera des frondes de 1,50 m de longueur! *Matteucia struthiopteris* atteint de grandes dimensions également, ainsi que les fougères mâles et femelles, *Dryopteris filix-mas* et *Athyrium filix-femina*. Parmi les espèces à feuillage persistant, choisissez *Blechnum tabulare, Phyllitis scolopendrium* et *Polystichum setiferum*.

Parmi les autres plantes d'ombre à faire sécher figurent les hostas, pour leurs feuilles et leurs fruits, quelques roses comme 'New Dawn' et 'Zéphirine Drouhin', les camélias dont les feuilles peuvent être glycérinées tandis que les fleurs sèchent avec un dessiccatif, des bambous, des mahonias, l'oranger du Mexique (*Choisya ternata*) et les hellébores.

Les lierres sont d'excellentes plantes grimpantes pour les murs et clôtures ombragés, avec de belles variétés comme *Hedera colchica dentata aurea*, aux feuilles tachées d'or, *Hedera canariensis* aux formes argentées, et les variétés à petites feuilles du classique *Hedera helix*, comme 'Goldheart' ou 'Glacier'. Une fois bien établis, ils couvriront une grande surface de leur feuillage persistant. Vous pouvez les utiliser en couvre-sol, mais méfiez-vous, ils sont envahissants, s'enracinant partout où leurs tiges touchent terre. Les rameaux peuvent être glycérinés ou les feuilles pressées. Le chèvrefeuille à feuillage persistant, *Lonicera halliana*, se plaît également à l'ombre. Ses fleurs délicatement parfumées, qui apparaissent dès la fin du printemps, peuvent entrer dans la composition des pots-pourris.

Plantes de mi-ombre

Si les pensées et les violettes craignent l'ombre dense, elles fleuriront abondamment à mi-ombre. Il en va de même des hortensias. Il leur faut un sol frais si l'on veut obtenir de belles têtes fleuries. Il est important de les cueillir au bon moment, quand la vraie fleur, minuscule, au centre de chaque bractée, est juste fanée. Mieux vaut les cueillir trop tard que trop tôt. La palette des variétés est vaste, mais les vrais bleus demandent un sol acide pour garder leur teinte au fil des ans, sans quoi ils virent au vert ou au rose. *Alchemilla mollis* est une petite plante herbacée aux belles feuilles en éventail, portant des nuages de petites fleurs dorées. Elle se plaira à mi-ombre, s'étalant rapidement. Feuilles et fleurs sèchent

bien. L'astilbe demande les mêmes conditions pour développer ses longues inflorescences plumeuses. Il existe des variétés rouille, roses, crème ou blanches, qui sèchent facilement à l'air.

Les jardins compartimentés

Un jardin divisé en plusieurs parties suscite intérêt et curiosité, et offre un décor idéal pour la culture de plantes destinées au séchage. Vous pouvez réserver un compartiment à la cueillette, avec des rangées de plantes disposées comme dans un potager. Vous pourrez y cultiver des fleurs à sécher telles que lavande, immortelle, helipterum, physalis, achillée, pied-d'alouette et rosier, peut-être aussi des légumes et des fleurs pour les bouquets frais. Le jardin n'a pas besoin d'être très grand, chaque compartiment pouvant avoir la taille d'une pièce moyenne. Comme les pièces de la maison, ces espaces peuvent recréer différentes atmosphères, diverses associations de couleurs, et être garnis de plantes groupées selon des thèmes différents. Il peut y avoir une terrasse assez formelle, séparée du reste par une haie, et dans l'autre partie des plantations plus libres et plus naturelles. Un autre compartiment du jardin pourra être axé sur des plantes à feuillage argenté, associées à des fleurs dans des teintes froides. *Senecio greyi*, armoise et santoline sèchent bien et sont très décoratives au jardin. Romarin et lavande ont également un feuillage argenté, mais les fleurs de la lavande

Bouquet de plantes d'ombre
(à gauche)
Frondes de dryopteris et d'osmonde constituent la base de ce bouquet aux allures d'automne, qui comprend également des feuilles d'hostas, des feuilles et fleurs d'hellébores. Cette association met bien en valeur un pot chinois ancien, en cuivre. De petites roses rouge vif, cueillies en situation plus ensoleillée, apportent une touche d'intérêt supplémentaire.

Jardin d'ombre
(à droite)
Vous pouvez cultiver de nombreuses plantes à sécher dans un coin ombragé du jardin ou une petite cour sombre.
Les fougères s'y plairont, ainsi que le mahonia, le choisya et le lierre. Hellébores et hostas, autres belles plantes d'ombre, ont des feuilles faciles à presser. Les fruits des hostas sèchent à l'air et les fleurs d'hellébore peuvent sécher avec des dessiccatifs.

sèchent mieux que son feuillage, et le romarin séché est plus utile à des fins culinaires que décoratives.

Vous pouvez également consacrer un espace aux graminées d'ornement. Il leur faut un sol bien drainant, une exposition ensoleillée ou légèrement à l'ombre. Leurs feuilles linéaires et pointues et leurs inflorescences élégantes sont très décoratives. Une touffe dans un massif ne passera pas inaperçue. Certaines atteignent une grande taille, comme l'herbe de la pampa (*Cortaderia selloana*), dont les plumets peuvent atteindre 3 m de hauteur et la touffe 2 m de largeur. *Miscanthus*, *Scirpus* et *Carex*, *Luzula* et *Festuca* en couvre-sol, toutes ces plantes sont très décoratives au jardin et se prêtent bien au séchage. La plupart d'entre elles ont tendance à devenir envahissantes et doivent être divisées fréquemment. Leur croissance étant vigoureuse, vous pouvez les couper à plusieurs reprises en été, pour les faire sécher.

Bouquet à dominante argentée (ci-dessus)
Cette coupe ovale iridescente demande un arrangement lui-même étincelant. Un subtil mélange de feuilles de *Senecio greyi*, d'inflorescences de *Stachys lanata*, d'hortensias et de roses blanches, de petits pieds-d'alouette bleus liés à de petits bouquets de fleurs de lavande constitue un mariage réussi.

Massif à dominante argentée (à droite)
De nombreuses plantes à feuillage argenté, associées à des rosiers, des hortensias à fleurs blanches, quelques touffes de pieds-d'alouette bleus, offrent une profusion de matériel végétal à sécher dans ce jardin compartimenté. *Senecio greyi*, santolines, armoises et stachys sèchent très bien.

Jardin de graminées
(à droite)
Avec leurs longues feuilles et leurs épis originaux, les graminées ont une silhouette particulièrement marquée et caractéristique. Il faut diviser régulièrement les touffes pour maîtriser leur développement et pour qu'elles restent bien buissonnantes.

Arrangement de graminées
(ci-dessous)
Cet arrangement fait appel à de nombreuses herbes séchées. Herbe de la pampa, roseaux, avoine, amourette (*Briza*), lagurus et carex constituent l'essentiel du bouquet, tandis que quelques épis de solidago, et des groupes de graines de stirlingia et de lotus élargissent la gamme des teintes et des textures.

Si vous disposez d'un coin marécageux naturel dans votre jardin, vous pouvez y faire pousser des plantes de marais qui le mettront en valeur.

Les rosiers

Les roses sont d'une beauté incontestable, qui tient à la fois à la forme et à la disposition des pétales, ainsi qu'au parfum délicieux de nombreuses variétés. Elles se prêtent au séchage, aussi bien pour les bouquets que pour les pots-pourris, bien qu'en règle générale les variétés à fleurs doubles sèchent mieux à l'air que celles à fleurs simples.

Les trois derniers siècles ont donné naissance à une gamme incomparable de variétés. Les catalogues, de pépinières générales ou spécialisées, peuvent en proposer des centaines, à tel point que le choix est parfois difficile ! Plus récemment, les obtenteurs ont créé de nouvelles roses alliant formes et parfums des roses anciennes — comme rose de Damas et rose gallique — à une floraison remontante, précieuse pour les amateurs de fleurs coupées. La résistance des

variétés à l'oïdium et à la maladie des taches noires a été grandement améliorée également. Surveillez le développement des boutons floraux de vos rosiers, pour couper les tiges des fleurs destinées au séchage quatre jours environ avant que les fleurs soient pleinement épanouies.

Les rosiers seront à leur avantage groupés dans un massif, ou, si vous avez assez de place, en une véritable roseraie qui sera superbe tout l'été et jusqu'au début de l'automne. Dans une petite plate-bande, les roses sont bien mises en valeur par des feuillages argentés. Mariez-les avec des santolines ou des lavandes, par exemple. Si le jardin est petit, pensez à habiller un mur ou une clôture avec un rosier grimpant.

Bouquet de roses (ci-dessus)
Ce joli vase vernissé rose et bleu est garni d'une délicate composition de roses d'un rose vif et de genêt blanc séché.

Roseraie (ci-dessous)
Ici, *Rosa gallica maxima* se couvre de fleurs au début de l'été. Ses pétales conviennent tout particulièrement à la préparation de pots-pourris.

LA PALETTE DES COULEURS

Les pages suivantes constituent un rapide guide par couleurs des fleurs et plantes séchées pouvant entrer dans la réalisation des compositions. Certaines, comme statices (*Limonium* sp.), roses (*Rosa* sp.) et immortelles (*Helichrysum* sp.), sont particulièrement précieuses car elles existent dans de nombreuses formes et teintes différentes. Les plantes présentées ici sont généralement faciles à se procurer, dans le commerce, dans la nature ou les jardins, même si certaines sont originaires de pays lointains.

ROUGE ET ROSE

Les rouges et les roses éclatants et rayonnants ont une saveur d'été. Ce sont des couleurs que nous associons aux grands massifs de fleurs vives, auréolés par le chaud soleil de l'après-midi. Ces teintes éveillent en nous des fanfares de sons et de lumière, mais rappellent également le lavis plus pâle, mais brillant, qui enflamme le ciel au coucher et au lever du soleil.

Les rouges sont les couleurs les plus chaudes : profonds, majestueux, ils peuvent aussi être violents. Le rouge est la couleur des roses les plus délicatement parfumées et des fleurs tropicales les plus spectaculaires.

Les roses sont légèrement plus froids, bien qu'ils soient encore haut placés sur l'échelle des rayonnements. Les plus flamboyants peuvent choquer, tandis que les plus effacés semblent rougir de façon très séduisante.

Les roses figurent dans ce faisceau de couleurs, et vous serez peut-être surpris de constater que, une fois séchées, elles conservent des teintes similaires à celles des fleurs fraîchement coupées. Elles sont en effet faciles à faire sécher si vous les cueillez quatre jours environ avant le plein épanouissement des fleurs. Séchez-les à l'air, en les laissant pendre par petits bouquets, les têtes étant bien séparées (voir pp. 170-173). Ce procédé de séchage a tendance à assombrir les tons rouges et à rendre plus fades les tons roses.

Composition estivale aux teintes chaudes
Cette composition éclatante de fleurs séchées met en avant des pivoines roses séchées avec des dessiccatifs. Celles-ci sont soulignées par des roses rouges, de délicats groupes de silènes, des ails d'ornement d'un rose plus foncé et du feuillage d'acacia. Le large pot en étain, avec sa forme renflée et son motif floral en relief, a dicté la forme en éventail de cet arrangement.

Fétuque rose
Festuca sp.
Monnaie-du-pape
Lunaria rediviva
Brome
Bromus sp.
Artichaut
Cynara sp.
Ail d'ornement
Allium sp.
Aira sp.
Protée
Protea compacta

Pennisetum *Pennisetum* sp.

Fétuque rose pâle
Festuca sp.

Banksia occidentalis

Amourette commune, tremblote
Briza media

Banksia menziessii

Pivoine
Paeonia lactiflora

Hortensia
Hydrangea macrophylla

Aira sp.

Pied-d'alouette
Delphinium consolida
Rosier hybride de thé bordé de rose
Rosa 'Gerda'
Rhodanthe
Helipterum manglesii
Acroclinium
Helipterum roseum
Immortelle couleur pêche
Helichrysum bracteatum
Rosier floribunda vermillon
Rosa cv.
Silène
Silene sp.

Rince-bouteille
Callistemon beaufortia sparsa

Rosier hybride de thé rouge cerise
Rosa 'Mercedes'

Statice rose saumon
Limonium sp.

Acroclinium
Helipterum sp.

Amarantoïde
Gomphrena globosa

Rosier miniature de teinte brique
Rosa cv.

Phaenocoma prolifera

Leptospermum sp.

Bruyère cendrée
Erica cinerea

Immortelle des jardins rouge
Helichrysum bracteatum

Liatride
Liatris spicata

Rosier hybride de thé écarlate
Rosa 'Ilona'

Statice queue-de-rat
Limonium suworowii

Celastrus sp.

Hêtre cuivré
Fagus sylvatica 'Cuprea'

Immortelle des jardins rouge foncé
Helichrysum bracteatum
Achillée
Achillea millefolium
Dahlia pompon
Dahlia sp.
Rosier hybride de thé à liséré écarlate
Rosa 'Jaguar'
Anigozanthos rufus
Célosie crête-de-coq
Celosia argentea cristata
Leucodendron sp.
Eucalyptus à feuillage bronze
Eucalyptus sp.

ORANGE ET JAUNE

Côte à côte sur le spectre lumineux, orange et jaune sont tous deux des couleurs fortes. Le jaune est en général associé au printemps et dégage une impression de fraîcheur, de végétation naissante. Les fleurs jaune vif qui se prêtent au séchage donnent toujours une étincelle de vie aux arrangements, même si, à l'exception du mimosa, ce ne sont pas du tout des fleurs printanières — la plupart s'épanouissant dans les mois d'été.

L'orange se caractérise plutôt par son rougeoiement. Il est associé aux récoltes, à la chaleur plus douce de la fin de l'été. Pensez par exemple à la richesse des tons d'un épi de blé mûri et séché au soleil.

Orange et jaune, avec les teintes intermédiaires doré et abricot, sont à regrouper pour composer des bouquets encore vibrants de soleil jusqu'au cœur de l'hiver.

Vous trouverez des jaunes vifs, soutenus, parmi les nombreuses espèces d'immortelles, d'achillées et de statices, tandis que l'orange est bien représenté par les immortelles également, mais aussi par les lampions lumineux du physalis. Le séchage à l'air, par petits bouquets suspendus (voir pp. 170-173), est la méthode qui leur convient le mieux. N'oubliez pas d'effeuiller les tiges de physalis avant d'en faire des bouquets, pour éviter que les feuilles ne pourrissent.

Une plante intéressante à cultiver pour ses qualités décoratives originales est la coloquinte. Les coloquintes apportent une touche originale aux compositions séchées, en fin d'automne, notamment dans des tons chauds de jaune et d'orangé. Les coloquintes ont besoin d'un bon ensoleillement en été pour bien se développer. Si vous avez de la chance avec le temps, les coloquintes se conserveront bien dans une atmosphère sèche, pendant plusieurs mois. Vous pouvez aussi prolonger leur durée de vie en appliquant une couche de vernis en surface, mais l'éclat obtenu a parfois un aspect artificiel.

Une composition lumineuse
A l'origine, le panier utilisé ici était destiné à recevoir douze bouteilles de vin. Il porte maintenant un choix de bouquets de fleurs séchées différentes, un par compartiment. Immortelles orange et jaunes, statices de teinte abricot, mimosa, amours-en-cage, carthamus et phlomis composent ainsi un arrangement plein de chaleur et de vie qui attire les regards.

Immortelle jaune pâle
Helichrysum sp.

Immortelle à fleurs en bouquet
Helichrysum italicum

Immortelle puante
Helichrysum angustifolium

Rosier hybride de thé jaune foncé
Rosa 'Golden Times'

Craspedia globosa

Immortelle des jardins jaune d'or
Helichrysum sp.

Achillée jaune foncé
Achillea filipendulina
'Coronation Gold'

Rosier hybride de thé de teinte bronze
Rosa 'La Minuette'

Helipterum sp.

Anigozanthos sp.

Immortelle à feuillage argenté
Helichrysum sp.

Banksia baxteri

Tanaisie
Chrysanthemum sp.

Alchémille
Alchemilla mollis

Arctosis sp.

Mimosa
Acacia sp.

Statice à fleurs jaunes
Limonium sp.

Sauge en arbre
Phlomis fruticosa

Verge d'or
Solidago canadensis

Achillée jaune d'or
Achillea sp.

Verticordia sp.

Dryandra quercifolia

Banksia attenuata

Achillée jaune clair
Achillea sp.

Statice rose saumon
Limonium sp.

Amour-en-cage, coqueret
Physalis alkekengi franchetii

Tanaisie
Chrysanthemum vulgare

Chrysanthème
Chrysanthemum sp.

Bouton d'or
Ranunculus sp.

Safran bâtard
Carthamus tinctorius

Souci des jardins
Calendula officinalis

Parelle
Rumex sp.

Rosier hybride de thé jaune orangé
Rosa cv.

Achillée
Achillea sp.

Maïs doux (épi)
Zea mays

VERT ET BRUN

On peut définir le vert et le brun comme les « vraies » couleurs de la nature. Elles prédominent dans les paysages champêtres et sont présentes tout au long des saisons, dans différents tons et diverses proportions.

Les verts qui défient le pinceau du peintre emplissent les paysages d'été. Le vert, teinte dominante des feuilles et des herbes, est synonyme de croissance.

Le jaune-vert ébouissant de la jeune herbe ou des feuilles qui poussent s'atténue ensuite en une teinte moins brillante quand les plantes parviennent à maturité. Au fur et à mesure que l'été passe, les arbres et les haies se teintent de verts différents, qui ornent les champs et le ciel. Le vert peut cependant prendre une consonance plus sombre, dans les forêts, par exemple, ou encore dans les landes ou à flanc de montagne.

Il y a tellement de vert autour de nous que cette couleur semble omniprésente. Il est vrai qu'on la trouve même dans les villes les plus peuplées, que ce soit dans les jardins, les parcs ou les alignements d'arbres.

En général, les feuilles et les graminées séchées ne gardent pas cette teinte vert frais caractéristique, mais elles prennent une nuance plus douce et plus sourde. On peut mettre sous presse presque toutes les feuilles, mais bien qu'elles gardent ainsi leur teinte d'origine, elles acquièrent une rigidité qui les rend plus difficiles à utiliser dans des bouquets. Il y a heureusement un choix suffisant de feuilles pouvant sécher à l'air et permettant de donner un aspect naturel aux compositions séchées.

Le brun est la teinte du bois, des pommes de pin, des graines, de la terre elle-même. On l'associe naturellement au spectacle de l'hiver, quand les arbres prennent une silhouette sombre qui se découpe sur un ciel gris.

Fruits et graines, pommes de pin, céréales et roseaux, feuillages d'automne aux chauds tons bruns, branches et rameaux nus en hiver, tous peuvent être séchés. La variété de leurs formes permet d'en faire l'infrastructure d'une multitude de bouquets secs.

Textures
Le récipient utilisé est ici un morceau d'écorce creux et couvert de lichen. Le bouquet est composé de feuilles de dryandra, de fruits de nigelle, d'alyssum et de statices verts. Tout comme la simple composition de blé, à droite, celle-ci a un aspect très naturel.

Champ de blé
Une cagette à tomates en bois sert de support à cet arrangement. Mousses, lichens, petites pommes de pin, graines d'eucalyptus et champignons séchés ont été collés sur toutes les surfaces visibles. L'intérieur est garni de mousse synthétique recouverte d'une fine couche de mousse séchée. Les tiges des épis de blé s'enfoncent facilement dans la mousse, et des pommes de pin et des graines ont été éparpillées à leur pied.

Chêne des marais
Quercus palustris

Grande brize, amourette
Briza maxima

Tilleul
Tilia sp.

Petite brize, amourette
Briza minima

Aneth, fenouil bâtard
Anethum graveolens

Souchet, jonc
Scirpus sp.

Bambou
Arundinaria sp.
Banksia sp.
Orge
Hordeum vulgare
Herbier, chiendent-ruban
Phalaris arundinacea
Hortensia paniculé
Hydrangea paniculata
Grande brize, amourette
Briza maxima
Hortensia
Hydrangea macrophylla
Fléole des prés
Phleum pratense
Sétaire
Setaria verticillata

Lierre
Hedera helix
Réséda
Reseda lutea
Bambou
Arundinaria sp.
Calytrix sp.
Hakea cucullata
Fougère mâle
Dryopteris filix-mas
Alyssum sp.
Bourse-à-pasteur
Capsella sp.
Mousse
Mnium sp.
Hêtre
Fagus sylvatica

Grevillea sp.

Chénopode
Chenopodium sp.

Sélaginelle
Selaginella sp.

Nigelle
Nigella damascena

Mousse
Grimmia pulvinata

Verge d'or
Solidago canadensis 'Lemore'

Amaranthe queue-de-renard
Amaranthus caudatus 'Viridis'

Eucalyptus, gommier-neige
Eucalyptus niphophila

Pin sylvestre
Pinus sylvestris

Jonc
Juncus sp.

Hortensia
Hydrangea macrophylla

Dryandra sp.

Leucodendron sp.

Roseau
Phragmites australis

Bambou
Arundinaria sp.
Leucodendron stelligerum
Souchet, jonc
Scirpus sp.
Rince-bouteille
Callistemon citrinus
Oranger du Mexique
Choisya ternata
Hakea sp.
Roseau
Phragmites australis

Orge
Hordeum sp.
Massette
Typha latifolia
Calamus sp.
Lecythis usitata
Massette à feuilles étroites
Typha angustifolia
Pomme de pin
Pinus sp.
Leucodendron rubrum
Armoise
Artemisia vulgaris

Pomme de pin blanc du Mexique
Pinus ayacahuite
Pomme de pin sylvestre
Pinus sylvestris
Pomme de mélèze
Larix sp.
Chêne des marais
Quercus palustris
Lotus (fruits)
Nelumbo lucifera
Bouleau argenté
Betula pendula
Roseau
Phragmites australis

Millet
Milium sp.

Artichaut
Cynara scolymus

Nigelle
Nigella damascena

Ail d'ornement
Allium aflatunense

Houblon
Humulus lupulus

Papyrus
Cyperus papyrus
Fétuque
Festuca sp.
Laîche
Carex sp.
Physocarpus sp.
Leucodendron sp.

BLEU ET POURPRE

Ce sont les couleurs froides de la roue des couleurs. Le bleu peut être très froid — celui des océans et des glaciers, par exemple —, mais ce peut être également le bleu d'un ciel sans nuages, qui vous fera penser aux chaudes journées de l'été. Méfiez-vous, car le bleu du ciel est dû à la réfraction des rayons du soleil à travers de minuscules particules de glace présentes dans l'atmosphère. C'est la froideur du bleu qui nous attire en été.

Le pourpre est un peu plus chaud. C'est la couleur des paysages lointains et embrumés, d'un luxe et d'une splendeur passés. C'est une teinte délicate à intégrer dans les arrangements de fleurs séchées, car elle a tendance à assombrir l'ensemble. Les tons de violet et de prune offrent cependant des possibilités de combinaisons intéressantes avec des bleu, turquoise et bleu ciel.

Il n'y a pas beaucoup de fleurs séchées dans cette gamme de couleurs, mais elles sont pour la plupart remarquables. Les bleuets, delphiniums et pieds-d'alouette se prêtent au séchage et gardent leurs teintes profondes. Les hortensias bleus et blancs conservent bien leurs couleurs également, mais ils sont plus difficiles à faire sécher. Il faut laisser les fleurs sur l'arbuste, jusqu'à ce que les minuscules fleurs au centre des bractées colorées se dessèchent. On peut alors les couper et les faire sécher soit en les suspendant (voir p. 172), soit en les plaçant dans un vase, avec un peu d'eau au fond qui s'évaporera (voir p. 170). Les statices (*Limonium sinuatum*), liatris et amaranthes donnent des teintes pourprées éclatantes, tandis que la lavande séchée a tendance à perdre ses fleurs et à voir sa teinte s'atténuer avec le séchage.

Groupe miniature
Ces vases miniatures ne dépassent pas 3 cm de hauteur, mais, garnis de fleurs séchées à même échelle, ils forment un groupe qui attire le regard.

Teintes froides
Cette association de nombreux tons de bleu et de pourpre est complémentaire de la spirale bleu et turquoise s'enroulant autour du pot à col largement évasé. Parmi les fleurs qui composent ce bouquet remarqué figurent échinops, eryngiums, statices et pieds-d'alouette.

Lavande
Lavandula spica

Pied-d'alouette
Delphinium consolida

Boule bleue
Echinops ritro

Lavande de mer
Limonium sp.

Boule bleue miniature
Echinops ritro

Hortensia
Hydrangea macrophylla
'Générale vicomtesse de Vibraye'

Panicaut
Eryngium sp.

Panicaut
Eryngium sp.

Lavande de mer
Limonium sp.

Boule bleue
Echinops ritro

Rosier miniature de teinte lilas
Rosa cv.

Hortensia teinté de bleu
Hydrangea macrophylla

Statice mauve
Limonium sinuatum

Delphinium vivace
Delphinium elatum cv.

Aconit
Aconitum napellus

Amaranthe queue-de-renard
Amaranthus sp.

Bleuet
Centaurea cyanus

Statice rose pourpré
Limonium sinuatum

Statice pourpre
Limonium sinuatum

Delphinium à petites fleurs
Delphinium sp.

Astilbe
Astilbe davidii

Amaranthe queue-de-renard
Amaranthus sp.

BLANC, CRÈME ET ARGENT

Ce trio de couleurs, considéré dans son ensemble, est synonyme de pureté, de simplicité et d'élégance. Le blanc, symbole de pureté, peut cependant créer différentes ambiances. Associé au jaune, il évoque le printemps, le réveil de la nature et des fleurs. Servant de repoussoir à l'enchevêtrement des couleurs tapageuses de l'été, il apporte une touche de calme et de fraîcheur. Par contraste, le blanc offre un raccourci saisissant du froid mordant de l'hiver.

La teinte crème porte en elle une impression de raffinement — elle est élégante, supérieure et distinguée. Tout comme le blanc, elle met bien en valeur

d'autres couleurs, mais elle a une chaleur que n'apporte pas le blanc pur. Les tons argentés sont raffinés, également, évoquant le métal pur et précieux, mais leur effet est plus discret.

Ensemble, blanc, crème et argent forment des bouquets très lumineux, semblant presque transparents en raison de leur légèreté. Cette transparence est bien représentée par les siliques de la monnaie-du-pape. Lorsque les deux membranes externes ont été enlevées, un fin disque argenté apparaît (voir p. 179).

Une fois séchés à l'air, gypsophiles et rhodanthes blancs gardent leur blancheur éclatante. Pour la gypsophile, la meilleure méthode pour la faire sécher à l'air est d'arranger les fleurs dans un vase contenant un peu d'eau qui s'évapore progressivement (voir p. 170).

Harmonie de tons doux pour un bouquet
Cet arrangement élégant, dans une corbeille en osier de teinte pâle, est composé de nombreuses espèces, dont carlines, hortensias, immortelles, clochettes d'Irlande, gypsophiles et monnaie-du-pape.

Eucalyptus, gommier bleu de Tasmanie
Eucalyptus globulus

Lavande de mer
Limonium sp.

Herbe de la pampa
Cortaderia selloana

Mimosa
Acacia sp.

Senecio greyi

Molène
Verbascum sp.

Oreille d'ours
Stachys lanata

Melaleuca sp.

Immortelle miniature
Helichrysum sp.

Pithocarpa corymbulosa

Camomille commune
Anthemis nobilis

Immortelle à feuillage argenté
Helichrysum sp.

Buplèvre
Bupleurum sp.

Stirlingia latifolia

Olearia sp.

Immortelle à fleurs argentées
Cephalipterum drummondii

Gypsophile
Gypsophila sp.

Immortelle argentée
Helichrysum sp.

Kingia australis

Rhodanthe
Helipterum manglesii

Acroclinium
Helipterum sp.

Lachnostachys sp.

Helichrysum cordatum

Delphinium crème
Delphinium sp.

Serruria sp.

Helipterum sp.
Lavande de mer
Limonium sp.
Delphinium blanc
Delphinium sp.
Statice crème
Limonium sp.
Immortelle des sables
Ammobium sp.
Herbe de la pampa
Cortaderia selloana
Coton
Gossypium herbaceum
Agonis juniperina
Ixodia sp.

Xylomelum angustifolium
Acanthe
Acanthus spinosus
Carline acaule
Carlina acaulis
'Caulescens'
Œillet (fruits)
Dianthus sp.
Hosta (fruit)
Hosta sp.
Clochette d'Irlande
Molucella laevis
Rosier hybride de thé
à fleurs blanches
Rosa
'Jack Frost'
Immortelle
des jardins
Helichrysum
bracteatum
Hortensia
Hydrangea
macrophylla
Herbe-aux-mamelles
Lapsana sp.
Sphaigne
Sphagnum sp.

Ail d'ornement
Allium sp.

Berce
Heracleum sphondylium

Chénopode
Chenopodium sp.

Herbe de la pampa
Cortaderia selloana

Helipterum sp.

Cacalia sp.

Coquelicot (fruits)
Papaver rhoeas

Verticordia sp.

Bragalou
Aphyllantes sp.

Mousse de sphaigne
Sphagnum sp.

Liatride
Liatris sp.
Monnaie-du-pape (fruits)
Lunaria rediviva
Banksia prionotes
Eucalyptus, gommier
Eucalyptus tetragona
Anigozanthos sp.
Clématite (fruits)
Clematis sp.
Eucalyptus, gommier
Eucalyptus cinerea
Clématite sauvage
Clematis vitalba
Lichen
Cladonia sp.
Protée
Protea sp.
Lavande de mer
Limonium sp.

OUTILS, MATÉRIAUX ET TECHNIQUES ÉLÉMENTAIRES

Les outils et matériaux nécessaires pour réaliser des compositions de fleurs séchées sont peu nombreux et faciles à se procurer. Tout ce dont vous aurez besoin est présenté dans ce chapitre, ainsi que les techniques élémentaires qu'il importe de maîtriser pour assurer la longévité et la réussite de vos compositions. Apprenez à bien manier ces techniques et vous pourrez ensuite vous attaquer aux arrangements classiques de fleurs séchées, présentés dans le chapitre suivant, et même réaliser vos propres créations. Quelle que soit la composition, le choix du contenant est essentiel. Vous trouverez ici de nombreux exemples illustrés, ainsi que des idées pour transformer certains récipients afin de leur donner un style particulier, plus personnel.

OUTILS ET MATÉRIAUX

Les fleuristes ont un équipement très varié à leur disposition, mais de nombreux outils et matériaux ne leur servent qu'occasionnellement. Vous trouverez représentés ci-dessous les outils et matériaux les plus utilisés pour les compositions présentées dans les chapitres suivants. L'équipement indispensable comprend des ciseaux de fleuriste de bonne qualité, un bon couteau à lame en acier et de la mousse synthétique. Les autres outils et matériaux figurant dans ce chapitre servent souvent également. Vous les trouverez chez les fleuristes ou dans les boutiques spécialisées.

Bâtonnets, porte-brochettes
Ils peuvent servir à rallonger ou à remplacer la tige d'une fleur à tête lourde.

Colle
Utilisez une colle incolore, à prise rapide, pour assembler des végétaux ou les coller sur un support, ou encore pour fixer la mousse synthétique dans un récipient.

Mousse synthétique
On la trouve dans le commerce sous différentes formes. Les blocs sont particulièrement utiles, car ils peuvent être taillés à la forme désirée.

Cire adhésive
Elle se présente sous forme de rouleau et adhère bien aux surfaces non poreuses et brillantes.

Pique-mousse et pique-bougie
En plastique, ils servent à piquer un bloc de mousse ou une bougie pour les maintenir en place.

Ruban adhésif
Pour maintenir la mousse en place

Plâtre de moulage
En mélangeant cette poudre avec de l'eau, on obtient un matériau bon marché pour maintenir en place les arrangements à tête lourde après séchage.

Grillage métallique
C'est en rouleau de 30 cm de largeur environ que ce grillage est le plus pratique à utiliser, pour garnir les récipients et servir de support aux tiges.

Glaise
Plus chère que le plâtre de moulage, mais plus facile à travailler, on l'utilise aussi pour stabiliser les bouquets secs.

Tiges, fil métallique et ficelle

Voici quelques exemples des différents types de tiges, fil de fer et ficelle que l'on peut trouver. Les tiges (pour tiger les fleurs) mesurent entre 10 et 50 cm de longueur, avec différents calibres. On trouve aussi du fil métallique très fin en bobine pour tiger les roses, et de la cannetille recouverte de coton coloré. La ficelle doit être solide mais pas trop épaisse.

Outils coupants

Utilisez des ciseaux de fleuriste de bonne qualité pour couper les tiges ainsi que les fils métalliques les plus fins. Il vous faut également un bon couteau à lame en acier, et un autre à longue lame pour couper la mousse synthétique; un sécateur pour couper les tiges ligneuses et une pince coupante pour sectionner les fils métalliques et le grillage.

Rubans colorés spéciaux

Il s'agit de rubans, en général en papier crépon imperméabilisé (Floratape), destinés à masquer les montages avec du fil de fer pour que la tige semble naturelle. On en trouve en blanc, brun, vert clair et vert foncé notamment, en différentes largeurs.

TIGEAGE

Il faut souvent tiger fleurs, feuilles et autres matériaux pour remédier aux cas de tiges trop courtes ou fragiles. Choisissez à cet effet une tige métallique de calibre et de longueur suffisants, mais qui aient la flexibilité voulue. Ces tiges métalliques peuvent également servir à rallonger une tige courte ou cassée. Un ruban coloré spécial permettra de masquer le fil métallique.

1

Tigeage d'une fleur

1 Presque toutes les immortelles ont des tiges fragiles. Pour tiger une fleur, il vous faut des ciseaux de fleuriste, une tige métallique de calibre moyen et de longueur suffisante, et une bobine de fil fin pour tiger les roses (mettez la bobine dans une tasse pour éviter qu'elle ne se déroule). Coupez la tige à 3-4 cm sous la fleur.

2

2 Placez la tige métallique contre la tige de la fleur, de façon qu'elle touche la base de la fleur. Tirez un peu de fil métallique fin et tenez-le à 5 cm de l'extrémité.

3

3 De la même main, saisissez le fil fin puis, avec l'autre main, commencez à enrouler le fil autour de la tige.

4

4 Serrez bien le fil fin en l'enroulant autour de la tige métallique. Continuez sur 7-8 cm, coupez le fil et repliez-le.

Immortelle des jardins
Helichrysum bracteatum

Hortensia
Hydrangea macrophylla

Dryandra quercifolia

Rosier hybride de thé
Rosa 'Golden Times'

Rosier hybride de thé
Rosa 'Sonia'

Pour rallonger une tige
Vous pouvez rallonger une tige creuse et la rendre plus flexible en enfilant une tige métallique à l'intérieur même de la tige.

Comment dissimuler le montage

5 Tout en maintenant la fleur tigée tête en bas, placez l'extrémité du ruban derrière la tige, à un angle de 45°.

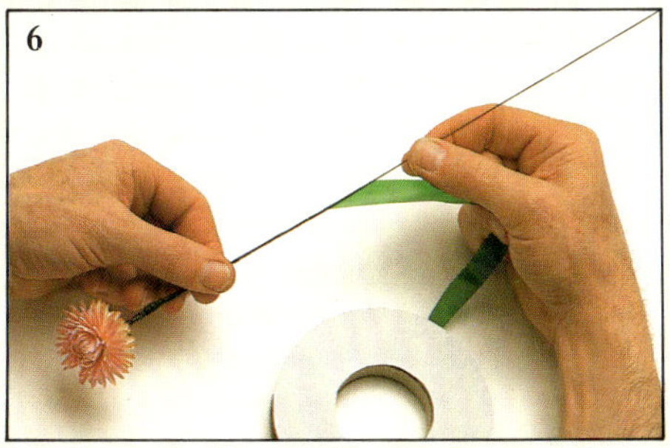

6 Repliez le coin du ruban puis faites tourner la tige de telle sorte que le ruban s'enroule autour en spirale, tout en se recouvrant partiellement. Continuez jusqu'à dépasser l'extrémité de la tige, puis tordez et coupez le ruban pour former la base.

MONTAGE DE POMMES DE PIN ET DE PETITS BOUQUETS

Montage d'une pomme de pin

1 Pour la tige de la pomme de pin, utilisez un fil métallique de gros calibre. Passez une extrémité du fil métallique à travers les écailles inférieures, en la laissant dépasser de 5 cm environ.
2 Enroulez le fil métallique en le serrant à la base du cône, puis tordez les extrémités pour les maintenir.

3 Pliez les extrémités tordues sous le cône de telle sorte que la plus longue forme ainsi une tige partant du centre de la base de la pomme de pin. Recoupez proprement l'extrémité la plus courte et cachez toute la longueur sous un ruban adhésif coloré, comme indiqué page 65.

Montage d'un petit bouquet

1 Placez une tige métallique de moyen calibre contre les extrémités des tiges des fleurs et enroulez-la à la base sur 5-6 cm, en remontant.

2 Continuez à enrouler la partie la plus longue du fil métallique autour des tiges et de l'extrémité courte, en redescendant. Utilisez le reste de la longueur pour rallonger les tiges.

Rosier hybride de thé
Rosa 'Golden Times'

Buplèvre
Bupleurum sp.

Immortelle
Helichrysum sp.

Immortelle
Helichrysum sp.

Amaranthe queue-de-renard
Amaranthus caudatus 'Viridis'

Pinus lambertiana
Pin sylvestre
Pinus sylvestris
Épicéa commun
Picea abies
Mélèze
Larix sp.
Mélèze
Larix sp.
Pinus radiata
Pin sylvestre
Pinus sylvestris
Pin sylvestre
Pinus sylvestris

PRÉPARATION DU SUPPORT DE LA COMPOSITION

Si vous voulez réaliser des compositions séchées originales et parfaitement réussies, il ne faut pas négliger un certain nombre de travaux préparatoires, avant de commencer la disposition des fleurs. Cela comprend notamment la préparation de différents types de contenants, de la structure de départ des couronnes et boules, si vous préférez les faire vous-même plutôt que de les acheter.

Corbeille basse
Utilisez de la mousse synthétique et de la mousse végétale sèche.

Préparation d'une corbeille

1 Il vous faut de la mousse de sphaigne séchée, un couteau tranchant, du ruban adhésif étroit, une tige métallique de moyen calibre et de la mousse synthétique pour remplir la corbeille. Marquez les contours de la corbeille en l'appuyant sur le bloc de mousse synthétique.

2 En vous aidant de la marque laissée par la corbeille, recoupez le bloc de mousse de façon qu'il s'adapte le mieux possible au fond du contenant.

Support en mousse pour couronne
Il s'agit d'un anneau de grillage garni de mousse de sphaigne (voir p. 73).

3 Placez au-dessus du premier bloc de mousse un deuxième bloc de forme bombée, dépassant de 2-3 cm les bords de la corbeille. Prenez ensuite la tige métallique et faites une boucle à un bout. Enfilez le ruban adhésif dans cette boucle et servez-vous de la tige comme d'une aiguille pour passer le ruban à travers le bord tressé de la corbeille.

4 Tirez assez de ruban pour avoir la largeur de la corbeille plus 15-20 cm. Coupez le ruban adhésif et fixez-le à une extrémité autour d'un brin de la corbeille et en le collant sur lui-même sur quelques centimètres.

Boule
Recouvrez de mousse de sphaigne une sphère constituée de grillage renfermant de la mousse synthétique (voir p. 70).

Plateau ou soucoupe
Garnissez-les de mousse synthétique formant un bombement au centre et recouvrez celle-ci de lichen argenté (voir p. 70).

Couronne de branchages
Des tiges souples entrelacées, ici *Actinidia chinensis*, peuvent constituer un support de couronne (voir pp. 72-73).

Plat creux
Ce saladier en céramique est garni de mousse synthétique, recouverte de mousse de sphaigne (voir p. 70).

5 Passez de la même façon le ruban dans le bord opposé de la corbeille, tirez bien puis enlevez l'«aiguille» et fixez l'autre extrémité du ruban. Si la corbeille est de grande taille, il faudra sans doute passer plusieurs bandes de ruban adhésif pour maintenir la mousse synthétique bien en place.

6 Recouvrez la mousse synthétique d'un fin tapis de sphaigne, en veillant à bien remplir les trous sur les bords de la corbeille. Voyez sur la photo, en haut à gauche, comment la mousse synthétique, peu décorative, est entièrement masquée par la sphaigne.

Préparation d'une coupe creuse

Découpez un bloc de mousse aux dimensions du récipient et enfoncez-le sur un pique-mousse en plastique, que vous collerez au fond de la coupe avec de la cire adhésive (voir p. 62).

Préparation d'un plat peu profond

Taillez de la mousse synthétique pour former un bombement au centre du plat, en utilisant si besoin est deux blocs solidement accolés avec du ruban adhésif. Fixez la mousse au fond du plat avec de la colle.

Préparation d'un vase sphérique

Placez un morceau de grillage à l'intérieur du vase et modelez-le de façon qu'il épouse bien les contours intérieurs.

Préparation d'une boule couverte de mousse

A utiliser en suspensions ou pour préparer des « arbres » de fleurs séchées.

1 Coupez un morceau de grillage de 30 cm de largeur, un peu plus long que la circonférence voulue pour la boule. Empilez grossièrement des morceaux de mousse synthétique sur le grillage, en les maintenant d'une main tandis que vous repliez le grillage de l'autre.

2 Repliez progressivement le grillage autour de la mousse synthétique, en ajoutant si besoin est d'autres morceaux pour donner la forme voulue à la sphère. Pétrissez la boule entre vos mains pour effacer les irrégularités et retournez vers l'intérieur les extrémités coupantes du grillage.

3 Nouez l'extrémité d'un fil métallique en bobine (voir p. 63) au grillage en laissant dépasser largement une extrémité du nœud, pour les finitions. Appliquez progressivement des touffes de mousse sur la boule, que vous maintiendrez en enroulant le fil métallique autour de la sphère. Comme ce fil métallique fin ne se voit pas sur la mousse, utilisez-en suffisamment pour que la mousse tienne bien sur la boule.

4 Une fois que la boule est entièrement recouverte de mousse, ramenez le fil métallique près de l'extrémité du premier nœud qui dépasse, nouez-les, recoupez le fil et cachez-le sous la mousse.

Taille d'une petite sphère

La mousse synthétique se taille bien au couteau, et vous pouvez lui donner n'importe quelle forme. Pour une petite sphère, procédez ainsi :

1 Avec un couteau tranchant, découpez un cube dans un pain de mousse synthétique. Rognez les coins du cube en coupant pour former des courbes.

2 Continuez à rogner toutes les aspérités, en enlevant des copeaux de mousse jusqu'à obtenir une sphère.

Préparation de récipients en verre

Les tiges des plantes séchées sont en général peu esthétiques, particulièrement laides lorsqu'on les voit à travers un vase en verre. Vous éviterez ce problème en tapissant les faces intérieures du récipient. Pour préparer le pot en verre rectangulaire présenté ci-contre, utilisez de la cire adhésive pour coller au fond du récipient, à 12 cm de distance environ, deux pique-mousse en plastique. Recoupez des blocs de mousse synthétique pour laisser 1-1,5 cm d'espace entre la mousse et les parois du vase. Enfoncez la mousse sur les pique-mousse, puis remplissez les interstices de pot-pourri, en vous servant de tiges métalliques ou de bâtonnets pour glisser pétales et fleurs. La préparation terminée est celle présentée en bas à droite.

Un goût d'automne

Laissez un espace de 2-3 cm entre la mousse synthétique et les parois du récipient, pour y glisser des feuilles mortes maintenues en place par de la mousse de sphaigne.

Utilisation de lichen

(ci-dessous au centre)
Vous pouvez cacher la mousse synthétique par des lichens argentés, en veillant à bien montrer les extrémités argentées des lichens.

SUPPORTS POUR COURONNES

On trouve dans le commerce des supports pour couronnes de fleurs, généralement en plastique et mousse synthétique. Vous préférerez peut-être les préparer vous-même, à partir de l'une des méthodes présentées ci-dessous, ce qui vous permet de choisir la taille et le style des couronnes.

La préparation de ces couronnes amène à utiliser des matériaux humides ou encore pleins de sève, qu'il faut laisser sécher complètement avant de les garnir de fleurs séchées, sinon l'arrangement pourrira rapidement. Le séchage peut, selon les cas, prendre jusqu'à une semaine.

Préparation d'un simple support en mousse

1 Choisissez un cadre métallique acheté dans le commerce, de la taille voulue, et fixez-y l'extrémité d'une bobine de ficelle, en la laissant dépasser un peu. Prenez une bonne touffe de sphaigne humide pour commencer à couvrir l'armature.

2 Placez la mousse au-dessus du cadre et maintenez-la fermement en place en enroulant la ficelle autour du cadre et de la mousse. Une fois bien fixée, la mousse doit avoir une épaisseur d'environ 2-3 cm tout autour du cadre.

3 Ajoutez progressivement des touffes de mousse, en les faisant se chevaucher et en continuant à les ficeler. Veillez à ce que l'épaisseur de la mousse soit à peu près égale partout.

4 Quand vous revenez au point de départ, recouvrez-le de mousse. Pour arrêter la ficelle, reprenez l'extrémité qui dépasse du premier nœud, coupez la ficelle et attachez-la pour finir à l'extrémité du nœud.

Préparation d'une couronne de branchages

On peut utiliser à cet effet les tiges ligneuses mais souples de différentes plantes grimpantes. Il faut des longueurs de tiges d'environ 1,20 m. L'exemple présenté ici, à gauche, est réalisé avec des tiges d'actinidia.

1 Faites un premier anneau de la taille voulue pour la couronne, avec une longueur de tige, et fermez-le avec du fil métallique.

2 Prenez une autre longueur, engagez-la près de l'attache de la première et enroulez-la autour.

Préparation d'un support en mousse et grillage

1 Coupez un morceau de grillage de 30 cm de largeur, à la longueur voulue pour la circonférence de la couronne. Posez-le à plat et disposez de la mousse de sphaigne humide le long d'un bord.

2 Enroulez le grillage bien serré autour de la mousse, pour former un tube solide de 3-4 cm de diamètre. Rentrez la mousse qui dépasse et les extrémités du grillage, tout en enroulant.

3 Courbez régulièrement le cylindre de mousse pour former un cercle bien rond. Ne faites pas se chevaucher les extrémités; elles vont être cousues bout à bout.

4 Fixez une extrémité de fil métallique en bobine à une extrémité du grillage, en laissant dépasser un brin. Cousez bout à bout les deux extrémités du cylindre garni de mousse, puis attachez et dissimulez les extrémités du fil.

3 Continuez à enrouler de nouvelles tiges autour des premières, les tiges entrelacées laissant des espaces dans lesquels seront glissées les fleurs. Enlevez le fil une fois que la couronne tient par elle-même et laissez-la bien sécher.

LE CHOIX DU CONTENANT

La plupart des bouquets secs requièrent un récipient décoratif — une vannerie, un vase, un saladier, un plat ou tout autre contenant. Le choix du récipient est très important car, dans une composition réussie, bouquet et contenant se mettent mutuellement en valeur, faisant ainsi plus d'effet que l'un ou l'autre élément pris séparément. Il est essentiel de rechercher une harmonie d'échelle, de taille, de couleurs et de texture entre le contenant et les végétaux. Leur association doit sembler naturelle, comme s'ils avaient été faits l'un pour l'autre.

Dans les conseils pour la composition des bouquets (p. 108), vous verrez comment chaque arrangement doit être conçu en fonction de son environnement. Les teintes et textures des murs et du sol, la surface sur laquelle sera posé le bouquet, l'espace qu'il doit occuper, la manière dont il sera vu (sous tous les angles ou seulement d'un côté), tous ces facteurs sont à prendre en compte. Ces données en tête, vous pouvez entreprendre la composition, en commençant soit par le choix du contenant, soit par la sélection des végétaux que vous voulez utiliser. C'est parfois le récipient qui suggère le choix des fleurs, à cause d'une caractéristique particulière, sa teinte ou sa texture par exemple. Sachez qu'il est souvent plus difficile de trouver un récipient qui s'adapte à un choix de végétaux.

Les récipients très décorés ou brillamment colorés doivent être associés à des fleurs aux lignes sobres ou, au contraire, faisant beaucoup d'effet, sinon le récipient dominera les végétaux. A l'inverse, des contenants de forme simple et de teinte unie se prêtent tout particulièrement à des compositions de textures inhabituelles et de combinaisons de couleurs complexes.

La variété des contenants

La gamme des récipients utilisables est illimitée. Ils n'ont pas besoin d'être étanches, ni d'avoir beaucoup de valeur ! Vous constaterez sans doute que votre maison regorge de contenants que vous n'auriez jamais songé à utiliser pour y disposer des fleurs séchées.

C'est une bonne idée que de constituer une petite collection de ces récipients, que vous utiliserez quand vous voudrez, certains dans les teintes que vous aimez, d'autres qui soient assortis aux motifs, textures, ameublement et décoration de votre intérieur. Rassemblez ainsi globes, cylindres, cubes, ou récipients évasés, contenants de formes classiques ou aux lignes résolument futuristes. Ils peuvent être en vannerie, en poterie, en bois, en pierre, en métal, en verre ou encore en plastique, simples ou originaux. Mettez de côté tous ceux qui vous plaisent particulièrement, quelles que soient leur taille ou leur forme, mais n'oubliez pas qu'il est généralement plus facile de composer des bouquets dans des contenants à ouverture plus étroite que le corps.

Une corbeille colorée
Cette fois, c'est le choix des fleurs de ce bouquet estival rayonnant qui a précédé la préparation du contenant. Les teintes des amaranthes, callistemons, achillées et hortensias, cônes de leucodendron et fruits de pavot, roses, pieds-d'alouette et rhodanthes, celles des feuillages d'immortelles argentées et des rameaux de bouleau trouvent toutes un écho dans les tons peints sur la corbeille. On a utilisé de la peinture en bombe et des pochoirs en carton pour tracer les bandes diagonales irrégulières rouges et roses, puis des motifs plus petits, en vert, brun et argent, ont été ajoutés.

Vous trouverez sans doute dans votre cuisine des récipients en verre — cruche, coupe ou simple verre, par exemple. Vous avez peut-être aussi un petit aquarium inutilisé, rectangulaire ou sphérique. Ce type de récipient ne coûte pas cher, de toute façon. Tapissez les récipients en verre de mousse, pétales ou feuilles de fleurs séchées, car les tiges sont moins décoratives que celles des plantes fraîches (voir p. 71).

Les contenants en bois sont particulièrement précieux, car ce matériau se marie à merveille aux fleurs séchées. Parmi une infinité de possibilités, vous pouvez choisir un saladier rond en bois d'olivier, ou une petite boîte en marqueterie. Une simple caissette en bois servant pour les semis peut être utilisée pour un arrangement imitant un champ couvert de mousse, ou encore remplie d'immortelles colorées, les fleurs dépassant juste le rebord de la caissette. Tirez parti des teintes passées du bois peint ancien ou de celles, éclatantes, du bois laqué venant d'Inde ou du Japon, pour créer des compositions originales.

Les vanneries sont recherchées également pour leur aspect naturel. Vous pourrez choisir une corbeille à papiers, un panier à provisions, une vieille corbeille à ouvrage, une simple corbeille à pain ou, pour un arrangement à poser à terre, un solide panier à bois.

Essayez aussi les boîtes en fer ou les moules à gâteaux, les vieilles saucières en porcelaine, les casseroles en cuivre, ou encore, dans un autre style, un vieux pichet en étain ou un pot en argenterie.

Recherchez des contenants en poterie, brute ou avec un émail décoratif, moucheté par exemple. Faites le tour de vos pots de fleurs vides, en sélectionnant notamment ceux recouverts de mousse. Les grandes soucoupes en terre cuite, vernissée ou non, peuvent servir à composer de ravissants «jardins» de fleurs séchées.

Dans le jardin, vous pouvez aussi dénicher des récipients en pierre — urnes ou vases. Ils feront beaucoup d'effet, garnis d'un immense bouquet de fleurs séchées, les teintes neutres de la pierre se mariant à quasiment n'importe quelle association de fleurs et de feuillages.

Simplicité, mais bel effet
(à droite)
Ce vase turquoise très original doit être associé à une composition très simple pour être mis en valeur. Un gros bouquet aérien de gypsophile souligne bien la teinte froide, les lignes un peu irrégulières et la forme évasée du contenant. Les fleurs semblent s'épanouir en jaillissant du vase.

Faïence décorée
Une assiette en faïence, française, datant du XVIIIe siècle, au décor peint, a inspiré cette composition de roses sombres éparpillées parmi leur propre feuillage. Les quelques bleuets de teinte vive rappellent les fleurs peintes sur le bord de l'assiette. Une rose d'un rouge un peu plus vif fait ressortir la profondeur des teintes des autres fleurs.

Vos propres créations

Il peut être très gratifiant de réaliser soi-même les contenants pour les bouquets secs. Il peut s'agir simplement de peindre ou de recouvrir un récipient existant. Une vannerie de teinte claire peut être peinte d'une couleur complémentaire de celles des fleurs destinées au bouquet. Vous pouvez aussi découper des pochoirs dans du carton et peindre ainsi des motifs avec une peinture en bombe. Mieux vaut choisir des motifs simples et assez grands pour un décor réussi : de larges bandes diagonales ou verticales suffisent pour un motif de base. Vous pouvez ensuite y ajouter de petites touches de couleur pour suggérer une texture ou rappeler les formes ou la teinte de certaines fleurs.

Une autre solution consiste à recouvrir une corbeille ou un simple récipient de matériel végétal tel que mousse, brindilles ou paille. On peut obtenir un résultat très décoratif en associant la mousse ou la paille à des plantes rappelant les fleurs des champs, comme bruyères, immortelles, achillées ou bleuets, surtout si ces variétés figurent également dans la composition. Collez ces matériaux sur le récipient avec une colle à prise rapide, ou maintenez les plantes en place avec du raphia ou des rubans. Vous trouverez, pages 84-85, d'autres façons de réaliser vous-même les contenants pour vos bouquets secs.

VANNERIES ET CONTENANTS EN BOIS

Il existe une affinité toute particulière entre les fleurs séchées et les objets en bois ou en vannerie, car tous ces matériaux sont issus de plantes, coupées et séchées. Ces deux types de contenants ont un aspect à la fois naturel et discret, ce qui permet de les associer à une grande variété de plantes séchées, allant de fleurs exotiques brillamment colorées à des feuillages aux teintes plus douces. Certains récipients en bois sont peints et laqués, et vous pouvez peindre une corbeille à la bombe pour lui donner un air plus sophistiqué, ou passer de la ficelle dorée entre les brins tressés, mais ces matériaux gardent toujours une certaine rusticité qui fait leur charme.

Vanneries

Toute plante à fibres longues, flexibles et solides peut être utilisée en vannerie. Cependant, on utilise le plus souvent de jeunes tiges de saule. Leur teinte peut varier d'un jaune paille très pâle à un brun-rouge soutenu, selon le traitement subi par l'écorce du saule. On utilise aussi le noisetier, le chêne (en lanières), le sorbier, le roseau ou le jonc, ainsi que des feuilles de bambous et de palmiers exotiques. En vannerie, il existe toutes sortes de motifs décoratifs, dans lesquels on glisse parfois d'autres matériaux, comme carton ou plastique, pour compléter le décor ou consolider le panier ou la corbeille. Essayez de concevoir votre arrangement en harmonie avec la corbeille, en reprenant une ou plusieurs teintes de la vannerie, en rappelant sa texture ou sa forme, et en y incorporant l'anse ou les poignées s'il y en a. Les tailles des corbeilles et paniers vont de la boîte minuscule à la très grande corbeille, ce qui vous laisse le choix pour vos bouquets secs ! Les grands paniers reviennent très cher si l'on doit les garnir de mousse synthétique comme support. À la place, faites un garnissage sommaire de morceaux de polystyrène expansé (récupéré à partir d'emballages ou dans un supermarché) ou de papier journal bien tassé, que vous recouvrirez de mousse synthétique pour y piquer les tiges.

Bois

Tout comme les vanneries, les récipients en bois mettent en valeur quasiment toutes les compositions séchées. Un vieux bois sera splendide avec un arrangement de fleurs séchées aux teintes assorties à une ancienne tapisserie, et une association de bois peint et laqué avec des plantes de même teinte sera toujours très réussie. Vous pouvez ainsi utiliser des saladiers, un vieux tiroir, ou n'importe quelle boîte en bois décorative. Vous trouverez peut-être aussi dans votre abri de jardin des cagettes à légumes, des caissettes de semis en bois, un vieux tamis cylindrique pouvant servir de support à de ravissantes compositions. Les brocantes et les petites salles des ventes sont également des mines où vous découvrirez des récipients en bois parfois très originaux.

Paniers et vanneries
Toutes ces corbeilles peuvent recevoir quasiment n'importe quel bouquet de fleurs séchées. Il est cependant toujours préférable de faire écho aux teintes de la vannerie dans le bouquet, en utilisant des fleurs de couleurs claires et des textures légères dans les paniers clairs, des matériaux plus colorés dans les vanneries plus sombres. Les poignées et les anses peuvent être mises en valeur dans l'arrangement, ou au contraire dissimulées parmi les plantes.

Contenants en bois
Sur l'étagère ci-dessous sont alignés des récipients en bois aussi différents qu'un petit tiroir à couteaux et un morceau d'écorce creuse. La boîte en bois peint était à l'origine une corbeille à papiers.

CONTENANTS EN CÉRAMIQUE

Grâce aux qualités particulières de l'argile, le choix des céramiques est vaste et traverse les siècles. Vous pouvez travailler l'argile sur un tour pour en faire des pots ronds, minuscules ou de plus d'un mètre de hauteur. Vous pouvez la couper en morceaux pour obtenir des vases à côtés droits ou en rouler des bandes pour leur donner un peu n'importe quelle forme, vous pouvez même en faire une jarre dans laquelle un homme peut se cacher ! La plupart des poteries vendues dans le commerce sont obtenues par moulage, de façon à les fabriquer rapidement et à grande échelle.

L'émaillage permet d'obtenir une infinie variété de teintes et de textures. S'il vaut mieux choisir des teintes assez neutres pour la plupart des compositions séchées, l'exemple du vase très coloré de la page 77 montre que de tels récipients peuvent aussi se marier aux fleurs séchées. Il est bon également d'avoir plusieurs vases assortis, soit qu'ils aient le même émaillage, soit qu'ils soient exactement de même forme. Vous pourrez les utiliser en coordonnés dans la même pièce.

Types de céramique

Il existe différents types de céramique, qui diffèrent par la qualité de l'argile utilisée et par la température à laquelle l'émaillage est cuit au four. La faïence est cuite à relativement basse température, elle est facile à décorer et offre une surface très brillante. La plupart des vases que vous trouverez dans les magasins sont en faïence. Attention, les fleurs séchées ne sont généralement pas à leur avantage dans des récipients à texture brillante et décor chargé, par exemple très fleuri. La plupart des vases datant de la fin du siècle dernier et du début de ce siècle entrent dans cette catégorie.

Les récipients en faïence du XVIIIe siècle et du début du XIXe siècle ont un aspect très différent. Le temps a souvent adouci l'éclat de l'émail (voyez par exemple la coupe de la page 119). Les vases de cette période ayant une grande valeur, prenez soin de les mettre en sécurité, par exemple au centre d'une table, où on ne risquera pas de les renverser.

Les grès sont cuits à plus haute température, ce qui leur donne une surface rappelant la pierre, moins brillante et plus en harmonie avec les fleurs séchées, même si l'émaillage est très coloré. La porcelaine est également cuite à très haute température, mais sa surface est très réfléchissante, bien qu'opaque. Comme pour la faïence, mieux vaut ne retenir, pour les arrangements de fleurs séchées, que des vases à motifs très simples, dépouillés.

Faites une inspection de votre cuisine pour y dénicher de quoi constituer une petite collection de récipients en céramique. Peu importe qu'ils soient ébréchés ou poreux, ils ne contiendront pas d'eau et le défaut pourra sans doute être dissimulé en tournant astucieusement la composition. Vous pouvez aussi bien sélectionner un plat creux ou une vieille tasse qu'un sucrier ou une théière inutilisable à couvercle cassé.

Pot-pourri de céramiques
Ce « pot-pourri » de contenants en céramique rassemble, sur l'étagère du haut, un pot à bonsaï, une boîte à biscuits, deux pots en grès assortis et, à l'extrémité, un vase moderne très coloré. Sur les étagères intermédiaires sont exposés, à droite, un assortiment de pots en porcelaine, dont un vase à tulipes et un bol chinois, et à gauche, des cruches et un porte-parapluie. Juste en dessous se trouvent un groupe de pots et de tasses en faïence et en grès, et, tout à fait à droite, un grand récipient cylindrique en grès accompagné d'un autre plus petit, une sélection de vases et de coupes ainsi qu'une cruche à lait.

AUTRES CONTENANTS

Moins le récipient est décoratif, plus la variété de fleurs séchées que vous pouvez utiliser est grande, sans que les couleurs se heurtent. Comme les contenants en verre, en métal et en terre cuite sont généralement plus neutres que les objets en céramique, ils permettent d'utiliser une plus grande gamme de matériaux séchés.

Verre

Le verre présente un inconvénient pour les compositions de fleurs séchées. S'il n'est pas complètement opaque, il faut tapisser les parois du récipient de pot-pourri, mousse séchée ou papier coloré afin de masquer les tiges des plantes séchées, peu esthétiques (voir p. 71). De simples récipients en verre transparent, rectangulaires, cubiques ou cylindriques, sont les plus faciles à garnir, se prêtant à toutes les utilisations. Le verre coloré limite le choix des teintes de fleurs et demande ainsi plus d'imagination pour être mis en valeur. Le plus délicat est de faire un arrangement dans un vase en verre très réfléchissant, plus sophistiqué, qui, comme la porcelaine fine, fait plutôt appel à un style de bouquet formel.

Métal

La gamme des récipients en métal comprend des objets rustiques en fer, plomb ou cuivre patiné, des récipients utilitaires tels que poêles, casseroles, moules à gâteaux, et des objets plus sophistiqués dans des métaux plus précieux, comme timbales et plats, vases et coupes. Des fleurs rose pâle, comme roses et pieds-d'alouette, se marient à merveille avec l'argent. Avec l'or (si vous avez la chance de posséder un vase en or ou doré !), essayez des roses jaunes et des fougères au tracé délicat. Le cuivre et l'étain, moins sophistiqués, sont brillants et iront bien avec des fleurs de teintes assez brillantes également. Les métaux plus grossiers peuvent accueillir quasiment toutes les associations de fleurs, et peuvent tout aussi bien mettre en valeur une composition de pommes de pin et de rameaux séchés. Fouinez chez les brocanteurs et les antiquaires, à la recherche de ce type de récipient. Un plat en métal démodé, une bouilloire en cuivre ou une soupière en étain se prêteront à la présentation de compositions séchées originales et très réussies. Laissez libre cours à votre imagination !

Terre cuite

La terre cuite est une argile rouge qui a été cuite au four en une seule fois. Elle est le plus souvent non vernissée et donc poreuse, mais cela n'a pas d'importance pour les fleurs séchées. Sa surface externe mate, de teinte chaude, apporte un peu de vie aux compositions séchées. De plus, la gamme des récipients est infinie, allant des petites soucoupes aux grandes jarres à huile, en passant par les pots et les bacs de toutes formes décorés de guirlandes et de festons. Même un simple pot de fleurs peut gagner des lettres de noblesse et trouver sa place dans la salle de séjour, avec un beau bouquet sec.

Contenants en verre
La gamme des récipients en verre s'étend des objets usuels bon marché, comme un simple bocal à spaghettis, aux vases de style les plus précieux. Une pièce de style suggère par elle-même le type de composition à préparer.
Cherchez tout particulièrement de minuscules vases en verre; ils ont une finesse, une délicatesse que ne présente aucun autre matériau.

Contenants en métal
Le caractère du métal, façonné pour en faire un récipient, peut être mis en valeur par un bouquet sec — même un métal rouillé. Pensez aux vieilles boîtes et aux tabatières originales, aux paniers à salade et aux bacs à plantes.

Contenants en terre cuite
Les objets en terre cuite sont généralement bon marché et font toujours beaucoup d'effet quand ils sont garnis d'une composition séchée. Vous trouverez peut-être, chez un brocanteur, une vieille jarre ou une jatte ancienne.

TRANSFORMATION DU CONTENANT

Le fait de préparer vous-même les contenants de vos bouquets secs vous permet de les personnaliser d'autant plus. Il y a de multiples façons de transformer à cet effet des objets usuels, comme une corbeille à papiers ou une cagette à légumes, ou tout autre récipient auquel vous pouvez ajouter une touche très personnelle.

Transformation d'une corbeille en « botte de foin »

1 Préparez une corbeille d'assez grande taille (ou même un seau), suffisamment de foin pour couvrir la corbeille et quelques longs brins de raphia pour maintenir le foin.

2 Couchez la corbeille et recouvrez-la d'une bonne épaisseur de foin, en utilisant deux longueurs de raphia pour le fixer contre la corbeille.

3 Attachez serré les extrémités des brins de raphia et rajoutez-en d'autres si besoin est. Recoupez le foin en haut et éliminez ce qui dépasse trop.

La « botte de foin » terminée
La botte de foin est maintenue par trois longueurs de raphia et le foin a été soigneusement recoupé en haut et sur les côtés.

Panier décoré
Une façon de mettre davantage en valeur un joli panier consiste à garnir son anse et ses bords de matériaux séchés entrant dans la composition. L'anse de ce panier est garnie de rameaux de bouleau maintenus par un lien en raphia. De même, on a utilisé du raphia pour border le haut du panier de rameaux et brindilles.

Cagette couverte de mousse
Cette banale cagette à légumes en bois devient un contenant très décoratif une fois tapissée d'un délicat mélange de mousse et de fleurs séchées. Dans cet exemple, la mousse de sphaigne séchée est piquée de petits épis roses de fleurs de bruyère et d'inflorescences d'alchémille. Les côtés de la boîte ont d'abord été enduits d'une colle à prise assez rapide, puis on a pressé dessus le mélange mousse et fleurs pour couvrir le bois.

COMMENT FAIRE UN NŒUD

Quoi de plus tentant qu'un cadeau joliment emballé, et orné d'un superbe nœud fait de rubans entrelacés ? Il en va de même des bouquets secs à offrir ou à utiliser en décoration, suspendus au mur ou posés sur une étagère ou un appui de fenêtre. Le nœud n'est pas forcément fait avec des rubans; nombre d'autres tissus et matériaux peuvent servir à préparer des nœuds originaux. Le nœud apporte la touche finale au bouquet, soulignant les associations de couleurs des fleurs et donnant au bouquet son style propre.

Un simple nœud en ruban

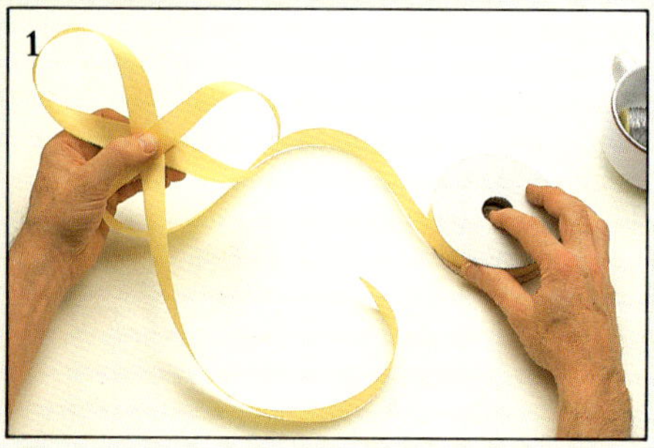

1 En laissant de la longueur à une extrémité, faites un huit avec le ruban. Tenez le centre du huit entre le pouce et l'index.

2 Laissez une grande boucle de ruban, puis formez un autre huit au-dessus du premier.

3 Plissez le centre du nœud pour faire ressortir les boucles. Nouez-le avec du fil métallique en bobine.

4 Avec le même ruban, attachez les tiges du bouquet pour cacher le fil métallique s'il y en a. Nouez le ruban bien serré.

5 Placez le nœud sur les tiges liées, les extrémités du ruban qui les tient dépassant vers le haut et le bas du bouquet.

6 Fixez le nœud dans cette position, avec le ruban servant de lien. Coupez en biseau toutes les extrémités de ruban et mettez bien le nœud en forme.

Un nœud tressé
Un nœud en raphia tressé donne à ce bouquet un petit air champêtre. Faites d'abord la tresse (voir p. 88), en attachant chaque extrémité pour laisser une « queue de cheval », puis formez un huit avec la tresse et attachez-le au centre. Fixez le nœud sur le bouquet avec un brin de raphia.

Un nœud plus complexe

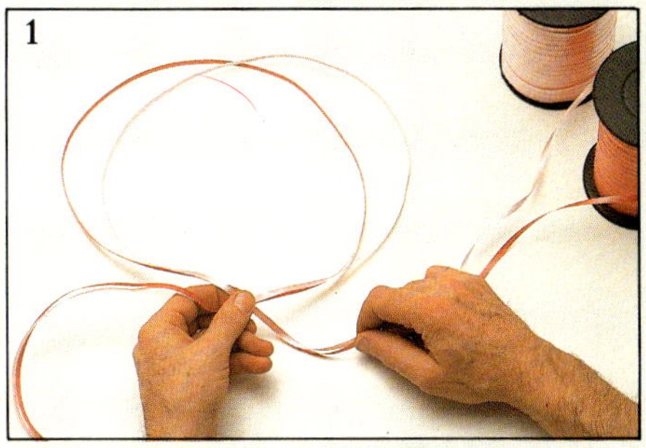

1 Faites un anneau d'environ 25 cm de diamètre avec deux rubans fins, en prenant la même longueur pour les deux.

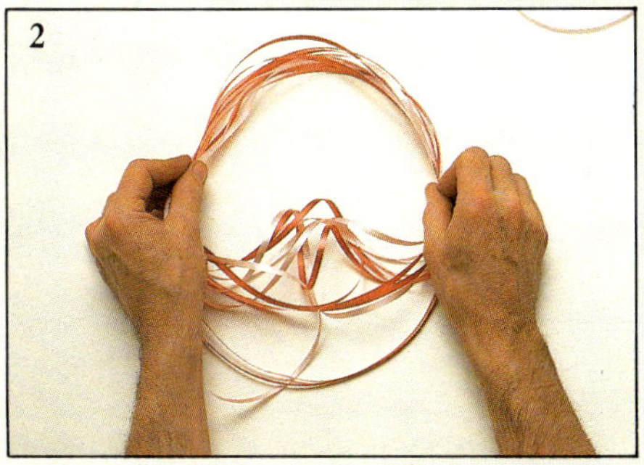

2 Faites six autres anneaux au-dessus du premier, puis prenez les côtés opposés des anneaux.

3 Rapprochez et croisez les côtés pour former un huit, le centre du nœud étant au centre du huit.

4 Nouez solidement le centre du nœud avec un autre bout de ruban et coupez les extrémités.

5 Écartez les boucles entre le pouce et l'index pour ouvrir le nœud et le rendre plus souple.

BOUCLES D'ACCROCHAGE

Tous les arrangements de fleurs séchées destinés à être accrochés (couronnes, bouquets ou guirlandes) ont besoin d'une boucle pour avoir une prise afin de les suspendre. Bien que ces boucles soient le plus souvent dissimulées dans la composition, chaque détail est important. Il faut choisir un type de boucle en harmonie avec votre réalisation, afin que rien ne choque, même lorsque l'arrangement est vu de derrière. Une seule règle d'or à respecter : utilisez des matériaux assez solides pour supporter l'arrangement pendant de longs mois.

Préparation d'une boucle pour accrocher une couronne

1

1 Recouvrez une tige métallique de ruban adhésif coloré, tordez-la pour faire une boucle au milieu et enfoncez les deux extrémités à l'arrière de la couronne.

2

2 Repassez plusieurs fois les extrémités de la tige à travers la mousse au dos de la couronne pour bien la fixer.

3

3 La boucle destinée à l'accrochage est en haut, au milieu et sur l'arrière de la couronne, avec ses extrémités bien rentrées.

1

Une boucle tressée

1 Attachez à un support solide un ensemble de brins de raphia, de l'épaisseur voulue pour la boucle. Divisez cette touffe en trois et tressez alternativement les groupes de droite et de gauche autour des brins centraux, en tirant bien sur la tresse. Faites un nœud à l'extrémité de la tresse et recoupez les brins qui dépassent si besoin est.

2 Faites une boucle avec la tresse et attachez-la solidement à une tige métallique dont vous laisserez dépasser les extrémités pour la fixer sur la couronne.

2

1

Une boucle en raphia

1 Prenez un ou deux brins de raphia et passez-les dans une « aiguille » faite avec une tige métallique refermée en haut.

2 En vous servant de la tige métallique comme d'une aiguille, passez le raphia à travers la structure de la couronne. Tirez l'aiguille et le fil et repassez-les dans la direction opposée pour laisser une boucle. Faites un nœud aux deux extrémités et détachez la tige métallique.

2

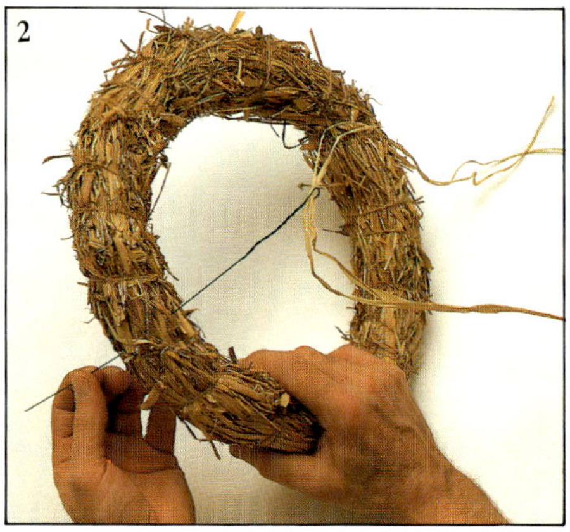

RÉALISATION DES BOUQUETS

Une fois que vous maîtrisez bien les techniques élémentaires vous permettant de préparer les matériaux et le contenant ou la structure de base de la composition, vous pouvez passer à la composition florale proprement dite. S'il existe, bien sûr, une infinie variété d'arrangements possibles et imaginables, ce sont les principaux styles classiques qui vous sont présentés dans ce chapitre. Ils illustrent en outre des méthodes de composition de bouquets que vous pourrez réutiliser et adapter.

DISPOSITION EN ÉVENTAIL

L'une des formes de bouquets les plus simples est celle basée sur une disposition en éventail. Le bouquet léger, présenté ci-dessous en exemple, garnit un panier laqué blanc et est composé d'une délicate association de reines-des-prés, pieds-d'alouette rose pâle, roses d'un rose soutenu, statices blancs et hortensias verts.

Réalisation

1 Avec les reines-des-prés, préparez un arrière-plan en éventail. La hauteur de l'arrangement doit être environ du double de celle du panier.

2 Puis disposez des reines-des-prés inclinées vers l'avant, en garnissant l'espace de façon à avoir une forme en demi-dôme, les tiges semblant issues du centre du bouquet.

3 Remplissez le volume d'épis de pieds-d'alouette rose pâle, en suivant le plus possible la disposition du bouquet, puis ajoutez les statices blancs en utilisant les courbures des tiges pour accentuer la forme d'ensemble.

Composition légère et aérée
Les roses d'un rose soutenu sont le dernier élément à apporter en laissant un peu de leur feuillage pour créer une note sombre. Terminez la composition par quelques têtes d'hortensias tigées, donnant volume et légèreté à l'ensemble.

GERBES ET PETITS BOUQUETS RONDS

Pourquoi ne pas offrir un petit bouquet rond ou une gerbe à base de fleurs séchées ? Ce sont des cadeaux originaux. Le petit bouquet rond, comme ceux que l'on porte à la main, trouvera sa place dans un joli vase, tandis qu'une gerbe, en général plus grande et assez plate, pourra être suspendue ou posée sur un meuble.

Réalisation d'un petit bouquet rond

1 Rassemblez les composantes du bouquet : pieds-d'alouette blancs, hortensias lilas, fruits de campanules, brizes et statices roses. Avec du fil de fer fin en bobine, commencez par lier deux tiges.

2 Ajoutez les fleurs progressivement, en les liant une à une, de façon que le bouquet prenne de l'ampleur et s'arrondisse peu à peu. Placez les fleurs à différentes hauteurs, pour donner un petit air naturel à ce bouquet.

3 Enfin, ajoutez des rangs de fleurs à tiges plus courtes, afin de masquer les tiges se trouvant au-dessus du fil métallique.

4 Avant de couper le fil et de faire une finition bien serrée, assurez-vous que les fleurs sont bien disposées.

Petit bouquet très naturel
Voici le petit bouquet dont la réalisation est présentée à gauche, joliment terminé avec un nœud de teinte douce qui dissimule le fil métallique maintenant les tiges (voir p. 86).

Gerbe estivale
Des amarantes vertes, des roses et silènes roses, des rhodanthes blancs et roses, des statices jaunes, des bambous et des fleurons d'hortensias verts composent cette gerbe estivale très colorée, simplement nouée avec un nœud en raphia.

Gerbe automnale
Cette gerbe joliment étalée est composée de fruits de nigelle, de cônes d'arbres exotiques, de graminées roses, orangées et vertes, et de fruits de différentes teintes. Le tout est mis en valeur par un gros nœud de teinte crème.

Petit bouquet léger
Les fleurs composant ce bouquet rond ont été choisies pour leur légèreté et leur finesse. Des épis parfumés de lavande et des acrocliniums blancs se marient ainsi à des feuilles d'acacia glycérinées et à des rhodanthes rose foncé.

Petit bouquet rond classique
Ce petit bouquet de style classique comprend des bleuets, des hortensias bleu pâle et des petits fruits de pavot au centre, le tout étant entouré d'un délicat feston d'alchémille. Un nœud fin, en ruban bleu clair, complète le tableau.

BOUQUETS À SUSPENDRE

Fleurs séchées ou « à sécher » feront beaucoup d'effet, suspendues en bouquets, que ce soit contre un mur, une poutre du plafond ou sur la porte d'une armoire. Lorsque vous préparez un bouquet composé de fleurs séchées à accrocher au mur, choisissez soigneusement sa taille et ses teintes, comme vous le feriez pour un tableau, de façon qu'il s'intègre bien au décor environnant.

Préparation d'un bouquet composé

1 Les fleurs et graminées qui composent ce bouquet ensoleillé sont des immortelles crème, des alchemilles, pieds-d'alouette blancs, *Helichrysum italicum,* phalaris, aneth et hortensias verts. N'oubliez pas que ce bouquet sera vu du dessous, aussi devez-vous le regarder ainsi tout en le préparant. Rassemblez une première brassée de fleurs avec les tiges les plus longues. Liez-les solidement avec de la ficelle, nouée assez bas sur les tiges. Vous pourrez ensuite cacher cette ficelle sous un ruban.

2 Préparez une deuxième brassée, plus dense, pour compléter la première et attachez-la à celle-ci, en plaçant les fleurs un peu plus bas.

3 Terminez le bouquet en ajoutant des têtes d'hortensia à la base et cachez la ficelle par un ruban (photo ci-contre, à l'extrême droite).

Bouquet sauvage
Cette brassée aux aspects sauvages comprend des rameaux de bouleau, des bambous, des delphiniums d'un bleu intense et des inflorescences d'ail d'ornement. Le bouquet est fixé au mur par une tresse en raphia (voir p. 88), et on a laissé de longs brins de raphia se mêler aux fleurs et aux feuilles.

Jeu de textures contrastées
Ce sont les différentes textures des fleurs de ce bouquet accroché au mur qui font son charme particulier. Des nuages de gypsophile blanc le font ressortir de petits bouquets de roses de teinte abricot et des épis de *Limonium suworowii*. Quelques tiges d'amarantes vertes et de *Limonium caspia* contrastent avec le groupe d'hortensias roses.

Bouquet ensoleillé
Voici, une fois terminé, le bouquet dont la réalisation est expliquée page ci-contre. Un nœud de satin jaune apporte une touche finale. Si chacun de ces bouquets se suffit à lui-même, leur association est également très réussie.

BOULE FLEURIE A SUSPENDRE

Une sphère éclatante de fleurs et feuillages séchés peut transformer complètement une cage d'escalier ou le coin d'une pièce. Pour qu'elle fasse beaucoup d'effet, sélectionnez des matériaux séchés très différents par leurs teintes et leurs textures, et disposez-les de façon informelle.

Réalisation d'une boule fleurie

1

1 Pour réaliser la superbe boule fleurie de la page ci-contre, il vous faut : des tiges métalliques, un anneau de rideau de 3-4 cm de diamètre (voir photo ci-dessus), des rince-bouteilles rouges, des roses jaunes et roses, des amarantes vertes, deux variétés de buplèvre, des touffes de lavande de mer et de *Leucodendron meridianum*. Les fleurs seront disposées de façon à créer des taches d'une même teinte.

2

2 Accrochez l'anneau de rideau à bonne hauteur. Préparez de petits bouquets de chaque élément, liés avec des tiges métalliques (voir p. 66), en laissant celles-ci dépasser pour les accrocher. Suspendez ces petits bouquets un à un à l'anneau, les tiges des plantes le touchant presque.

3

3 Ajoutez progressivement d'autres touffes de plantes, sans perdre de vue l'effet d'ensemble recherché. Les statices servent de matériau de remplissage, tandis que les rince-bouteilles et les amarantes cassent les lignes arrondies de la boule.

La réalisation terminée
La dernière étape de la réalisation de ce globe spectaculaire consiste à revoir éventuellement l'arrangement de chaque touffe, puis à le suspendre à son emplacement définitif. L'anneau de rideau servant à l'accrochage est maintenant invisible.

COURONNES

Peintures et sculptures anciennes nous indiquent que les couronnes de fleurs et/ou de feuillages étaient traditionnellement utilisées pour décorer murs et portes, notamment les couronnes de fleurs parfumées, composées de roses ou d'herbes aromatiques. Différentes méthodes permettant de réaliser un support pour couronne vous ont été présentées pages 72-73. Le type de support choisi — armature métallique garnie de mousse, raphia tressé ou tiges entrelacées et souples — définit en grande partie le style de la couronne elle-même. Une couronne ne doit pas nécessairement être garnie de fleurs séchées sur tout son pourtour; vous pouvez laisser à nu une partie du support pour créer un effet particulier.

Réalisation d'une petite couronne
1 Prenez une armature garnie de mousse bien sèche (voir p. 72). Tigez de petits bouquets de houblon, d'immortelles des sables, d'avoine ainsi que des roses jaunes. Recouvrez les tiges métalliques de ruban adhésif coloré (voir pp. 64-66).

1

La saison des récoltes
Cette petite couronne (dont la réalisation est présentée ci-dessus) rappelle les teintes chaudes et douces du début de l'automne.

Un support en paille
Cette simple couronne est constituée d'immortelles rose pâle et crème, de bleuets et de gypsophiles, piqués dans un support en paille. De grands rubans roses apportent une touche à l'ensemble.

Une couronne peu ordinaire (à droite)
Des tiges d'actinidia entrelacées forment la base de cette couronne (voir pp. 72-73) garnie de feuilles de rosier et de pommes de pin. Un nid en brindilles de foin, portant des œufs et surveillé par un oiseau bleu, se pelotonne contre les tiges entrelacées.

2 Glissez les tiges d'immortelles des sables dans le support pour former l'infrastructure du motif, en passant chaque tige à travers la mousse et en la repliant pour la rentrer sur la face arrière de la couronne.

3 Choisissez le point d'accrochage de la couronne, puis continuez à garnir la mousse, les roses et immortelles des sables mettant en valeur les épis d'avoine et de houblon.

Une allure champêtre et naturelle (à gauche)
Touffes de foin, roses rouges, bleuets, achillées et xéranthèmes sont fixés au support avec du raphia et donnent un air champêtre à cette couronne.

Un support de paille tressée
Une grosse tresse de paille constitue le support de cette couronne. Une composition de pieds-d'alouette bleu et rose foncé, de lavande parfumée et d'avoine délicate, s'étale sur un demi-cercle, laissant voir la tresse de paille sur l'autre partie.

Fleurs et rubans
Des rubans rose pâle, terminés par un nœud, sont entrelacés dans les tiges d'actinidia de cette couronne. De petits bouquets tigés de gypsophile, roses de teinte pêche et hortensias lilas, ont été glissés entre les tiges.

Graminées en couronne (en bas, à gauche)
Des graminées accompagnées de fruits de pavot et de cônes de leucodendron recouvrent la plus grande partie de cette couronne à support de mousse. Seuls les pavots et les cônes demandent à être tigés.

TRESSES FLEURIES

Les tresses fleuries figurant sur ces pages mesurent en réalité près de 1,80 m de longueur ! Il s'agit donc de décorations florales imposantes, qui font toujours beaucoup d'effet. Vous pourrez les disposer en guirlandes, par exemple en les faisant retomber en spirale autour d'un pilier ou pour décorer une cheminée.

Décoration d'une tresse en raphia

1

1 Préparez une tresse en raphia bien fournie (voir p. 88), de la longueur souhaitée. Liez solidement les extrémités avec des brins de raphia et recoupez-les soigneusement. Montez sur une tige métallique un petit bouquet de fleurons d'hortensias bleus et d'*Helichrysum italicum* d'un jaune brillant (voir p. 66). Fixez ce bouquet près du début de la tresse, en enfonçant la tige dans l'épaisseur et en la recourbant au bout. Préparez d'autres petits bouquets que vous insérerez plus bas.

2

2 Faites des plumets de fin ruban bleu : prenez une double longueur, montez-la, comme ci-dessus, sur une tige métallique et effrangez chaque extrémité de ruban. Insérez la tige d'un plumet dans la tresse au-dessus du petit bouquet et recourbez-la au bout pour qu'elle soit fixée. Faites friser les rubans en les tirant sur le dos de la lame d'un couteau.

La tresse entièrement décorée (à gauche)
La tresse terminée porte, à intervalles, des bouquets de fleurs et des rubans sur toute sa longueur. La finition est réalisée par quelques longs rubans frisés dans le bas de la tresse, tandis qu'un nœud ébouriffé en raphia fixé en haut dissimule l'arrêt de la tresse.

Réalisation d'une tresse toute en fleurs

1 Prenez des roses rouges, des pieds-d'alouette rose pâle et un bambou fin, comme *Arundinaria nitida*, et faites-en un petit bouquet lâche, d'aspect naturel et se mariant au feuillage de bambou. Avec du fil métallique en bobine, liez fermement ce bouquet en haut des tiges groupées. Couvrez le nœud de quelques tours de fils, mais ne coupez pas celui-ci.

2 Tout en tenant les tiges, entourez-les de fil en descendant et passez le fil dans la dernière boucle en bas, puis serrez bien.

3 Préparez ainsi un second bouquet et placez-le contre le premier, de telle sorte que les fleurs se chevauchent. Fixez le second au premier et serrez bien le fil métallique.

La tresse toute en fleurs terminée
Cette tresse peut avoir la longueur que vous désirez, selon le nombre de petits bouquets que vous voulez assembler.

GUIRLANDES

Une guirlande de fleurs séchées est une tresse fleurie destinée à être accrochée aux deux extrémités, de façon à former des courbes douces et fleuries sur n'importe quel support. On peut lui donner toutes sortes de formes. On prépare généralement ces guirlandes pour les grandes occasions, fêtes de fin d'année, anniversaire ou mariage, par exemple. De longues tables recouvertes de traditionnelles nappes blanches amidonnées, garnies de plats appétissants, auront encore plus d'attrait si elles sont agrémentées de guirlandes fleuries. Encadrements de portes, poutres, étagères, cheminées, alcôves revêtiront un air de fête une fois décorés de festons fleuris, quel que soit le style choisi. Il faut certes beaucoup de temps pour réaliser une longue guirlande. L'un des avantages appréciables des fleurs séchées est leur pérennité : les guirlandes peuvent être préparées assez longtemps à l'avance et ne s'ajoutent donc pas à tous les préparatifs de dernière minute avant l'arrivée des invités.

Guirlande montée sur fil métallique Cette guirlande terminée a un aspect délicat, avec ses teintes pastel. Elle n'en est pas moins solide. Cachez l'extrémité peu décorative sous un ruban ou sous le début d'une autre guirlande.

Réalisation d'une guirlande montée sur fil métallique

1

1 L'une des méthodes utilisées consiste à attacher des bouquets successifs à un fil métallique fin. Les fleurs choisies pour cette guirlande sont des fleurons d'hortensia, des roses, de l'avoine et de la gypsophile. Commencez par dérouler une longueur de fil suffisante pour votre guirlande. Faites une boucle au bout, mais sans couper le fil. Tigez les fleurons d'hortensias et de petites touffes de gypsophile (voir pp. 64 et 66). Faites-en un petit bouquet rond, entouré d'épis d'avoine dépassant légèrement. Recoupez les tiges qui dépassent trop.

2

2 Placez ce petit bouquet sur le fil, juste sur la boucle, de sorte que les fleurs la cachent. Cette boucle permettra d'accrocher une extrémité de la guirlande.

3

3 Tout en tenant les tiges contre le fil d'une main, liez solidement le bouquet avec du fil non déroulé. Passez le fil dans la dernière boucle autour des fleurs et serrez bien.

4

4 Préparez un deuxième bouquet, placez-le un peu en dessous du premier, pour cacher les tiges. Liez les tiges et le fil métallique de la longueur de la guirlande avec la suite de la bobine, comme pour le premier bouquet, et continuez de cette façon.

Guirlande d'anneaux formant une chaîne
Cette guirlande a un petit air champêtre.

Recoupez le foin si besoin est, pour que chaque anneau ait une forme bien nette.

Réalisation d'une guirlande d'anneaux

1 Pour chaque anneau de la guirlande, il vous faut : une tige métallique de gros calibre, du foin, quelques brins de raphia et les fleurs de votre choix; ici : lavande de mer, immortelles et statices. Faites une boucle à une extrémité de la tige.

2 Entourez la tige métallique de foin, que vous maintiendrez en place avec les brins de raphia, tous les 7-8 cm environ. Faites de petits nœuds que vous recouperez ensuite.

3 Recourbez la tige pour lui donner une forme ovale et passez-en l'extrémité dans la boucle. Repliez le bout de la tige pour que l'anneau tienne bien et dissimulez cette attache sous un nœud de raphia. Arrangez le foin pour que l'anneau soit bien régulier.

4 Décorez cet anneau de fleurs, en glissant les tiges sous les nœuds de raphia. Faites ainsi autant de maillons que nécessaire pour former la guirlande. Pour finir, refermez chaque anneau en le passant dans le précédent, pour former la chaîne.

ARBRES DE FLEURS SÉCHÉES

Un arbre miniature, fait de fleurs séchées, peut être très décoratif, soit comme arrangement posé sur le sol, soit, à plus petite échelle, comme un genre de bonsaï, placé sur une table basse. Il vous faut d'abord décider de la hauteur de l'arbre, en vous inspirant du décor qui l'environnera. Laissez-vous ensuite guider par la nature pour le choix de la forme qui s'intégrera bien dans cette pièce. Vous pouvez ainsi imaginer un chêne, un conifère ou un magnolia aux branches écartées. Choisissez une branche morte adéquate pour figurer le tronc de l'arbre, ainsi qu'un contenant qui s'harmonisera avec le style de la composition.

Mise en place du tronc dans un premier pot

Le tronc devant être solidement ancré et la base de l'arbre assez lourde pour soutenir l'ensemble, installez le tronc dans un premier pot rempli de plâtre de moulage.

1 Prenez de la mousse synthétique, du plâtre de moulage, un récipient creux, une cuillère et un couteau, et, bien sûr, un pot. Tapissez le pot (en terre cuite) de petites plaques de mousse. Le plâtre de moulage gonfle en prenant; la mousse permet de laisser de l'espace pour la dilatation du plâtre, évitant ainsi que le pot n'éclate.

2 Mélangez le plâtre avec de l'eau pour obtenir une pâte de consistance épaisse. Remplissez le pot aux deux tiers avec ce mélange, en veillant à ce que la mousse reste en place. Ayez le tronc à portée de main car ce plâtre prend rapidement ! Gardez également de l'eau à proximité pour rallonger le mélange préparé afin qu'il ne durcisse pas dans le récipient de préparation.

3 Enfoncez le tronc miniature au centre du plâtre — vous sentirez bien lorsqu'il touchera le fond. Tournez un peu le tronc pour vous assurer que le plâtre prend bien et adhère tout autour. En tenant le tronc d'une main, faites tourner le pot afin de vérifier que sa position est bien celle désirée, puis versez à nouveau du plâtre jusqu'à environ 1 cm du bord du pot. Maintenez le tronc jusqu'à ce qu'il tienne de lui-même. Vous pouvez alors commencer la « couronne » de l'arbre, en forme de cône, de boule ou de dôme, selon votre idée.

Réalisation d'un « arbre » conique

1 Fixez solidement un cône en mousse synthétique sur le tronc. Préparez des épingles en recourbant des petites tiges métalliques fines comme des épingles à cheveux. Recouvrez le cône de mousse de sphaigne séchée maintenue par ces épingles.

2 A travers la mousse, piquez des tiges de fleurs séchées dans le cône, d'abord de l'alchémille en garniture de fond, puis des roses rouges et des célosies tigées, et, pour terminer, de fins rameaux.

L'arbre terminé
Les dernières étapes de la réalisation de cet arbre fleuri très fourni consistent à placer le premier pot dans un cache-pot décoratif en harmonie avec la composition, et à garnir la base du tronc de mousse séchée pour parfaire le tableau.

Réalisation d'un « arbre » à couronne sphérique

1 Enfoncez une sphère de mousse synthétique couverte de lichen, un peu plus petite que le cache-pot choisi pour la composition, sur l'extrémité pointue d'une branche légèrement courbée et ramifiée. Placez une sphère plus petite sur une courte ramification, plus bas sur le tronc.

2 Pour garnir les sphères, choisissez des éléments légers et aériens, comme reines-des-prés, feuillage d'immortelle argentée, amarantes vertes et fruits de pavot. Disposez ces éléments de façon assez naturelle, pour former une couronne presque deux fois plus large que le cache-pot, de façon à obtenir un bel effet.

La réalisation terminée
La dernière étape est la préparation de la plus petite sphère. On y a ajouté une courte branche pour équilibrer la ramification supérieure et harmoniser l'ensemble.

CONSEILS DE COMPOSITION FLORALE

Une fois que vous vous sentez à l'aise dans la préparation des bouquets secs et que vous maîtrisez bien les techniques nécessaires, il est temps de vous intéresser aux résultats obtenus d'un point de vue esthétique et de voir comment vous pouvez encore progresser. Dans ce chapitre, vous apprendrez comment, en préparant vos arrangements, prendre en compte forme, texture et couleur des végétaux et du contenant choisi, et comment intégrer ces caractéristiques au choix de l'emplacement de la composition dans votre intérieur.

CONCEPTION DES BOUQUETS

Le problème, lorsque l'on veut définir des règles pour la composition de bouquets secs, est que, dès qu'on en énonce une, on peut trouver un arrangement très décoratif qui fasse exception ! Les bouquets présentés sur ces deux pages montrent à quel point il est peu judicieux de suivre des règles strictes. Vous pouvez penser que les fleurs choisies imposent un certain type d'arrangement, mais, ci-dessous, les mêmes plantes dans trois contenants différents donnent une variété de beaux bouquets. Réciproquement, si vous pensez qu'un récipient exige une composition spécifique, méfiez-vous. Vous verrez ci-contre trois bouquets très différents, dans des récipients identiques.

Les mêmes fleurs dans différents contenants (ci-dessous)
Trois contenants différents — un panier en bois, un bol en cuivre et une coupe en verre montée sur pied — ont été utilisés pour composer des arrangements contrastés avec du mimosa à feuillage argenté. Chaque contenant définit une échelle et une atmosphère particulières.

Plutôt que d'essayer de suivre des règles, commencez par prendre en compte les facteurs concernant l'emplacement final du bouquet. Sera-t-il placé sur une table, sur une étagère ou par terre ? Quelle serait la taille de bouquet correspondant le mieux à l'emplacement choisi ? Quels teintes, motifs et textures l'entoureront ? Sous quel angle regardera-t-on le bouquet ? La composition doit-elle être orientée ou non ? C'est en répondant à ces questions que vous commencerez mentalement à dessiner un arrangement réussi, car bien intégré dans son environnement. Le résultat sera strictement personnel, car deux personnes ne peuvent créer exactement le même arrangement pour une situation donnée.

La nature pour guide

La nature offre une source inépuisable d'inspiration pour vos bouquets. Généralement, les plantes ont naturellement une forme et une taille intéressantes et bien proportionnées. Tiges et tronc ont la bonne taille pour soutenir le corps de la plante, tandis que feuilles et fleurs sont à l'échelle de l'ensemble. L'étude des formes naturelles vous permettra d'éviter de faire des arrangements donnant l'impression de vouloir basculer, dont les fleurs paraissent beaucoup trop grandes pour le récipient, ou dans lequel les plantes semblent tassées les unes sur les autres.

Mêmes contenants avec des fleurs différentes (à droite)
Ces trois arrangements font appel au même contenant gris, sphérique. Ces vases apparaissent cependant comme différents, du fait de la création de trois arrangements de formes et de textures diverses.
Un bouquet aux teintes chaudes et vibrantes trouverait également sa place dans ce contenant. La composition de gauche est un arrangement simple, en boule très ouverte, de *Limonium caspia*, d'hortensias et d'amarantes. Dans l'arrangement de droite (à base de graminées dressées, d'inflorescences d'ail d'ornement, d'épis de pieds-d'alouette, de panicauts et de *Limonium caspia*), les tiges n'ont pas été recoupées, atteignant une hauteur d'environ trois fois et demie celle du contenant. Dans l'arrangement du milieu, feuillages, cônes et rameaux penchent vers le bas et l'extérieur, en un éventail déployé.

FORME

Les végétaux séchés offrent une vaste gamme de formes — subtiles et douces ou plus marquées. Les feuilles peuvent être courtes et arrondies ou longues et étroites, larges et crénelées ou délicates et découpées comme celles des fougères. Les fleurs peuvent être simples, minuscules, avec quelques pétales, ou grandes et doubles, avec de nombreux pétales imbriqués, comme les roses anciennes ou certaines pivoines. Les fruits et les graines sont également infiniment variés, et les tiges peuvent être fines, courbées, droites, noueuses, tordues ou épineuses.

Vous pouvez laisser s'exprimer les différentes formes des matériaux que vous avez choisis pour dessiner la forme d'ensemble de la composition. Essayez aussi de découper les formes des espaces laissés vides. Une approche moins naturelle consiste à partir d'une idée de forme de bouquet bien spécifique et à la réaliser — l'arbre en forme de cône, à droite, en est un exemple. De tels arrangements font appel à des matériaux que vous pouvez modeler; par exemple, la mousse séchée pour faire un monticule ou la mousse de sphaigne et les lichens pour tapisser une surface.

Forme d'ensemble (à droite)
Un arbre conique représente une forme simple à réaliser (voir pp. 104-105). Celui-ci est couvert de lichen teint en rose, et garni d'une guirlande ondulée de fleurons d'hortensias verts.

Forme des feuilles
Les différentes formes de ces feuilles d'eucalyptus et d'acacia ont dicté la silhouette d'ensemble de la composition, présentée dans un récipient en verre tapissé de pot-pourri.

La texture d'un arrangement résulte de l'association des qualités de surface du matériel végétal et du contenant utilisé. Le monde végétal foisonne de textures différentes. Feuilles, fleurs, mousses, fruits ou tiges ont tous une texture spécifique. Il ne suffit pas de donner à un bouquet une forme d'ensemble satisfaisante. Cette forme, ces contours doivent être garnis de textures attirant l'œil. Épis et tiges au-dessus de feuilles se chevauchant, groupes de pétales soyeux posés dans des courbes, lignes dessinées par des rameaux enchevêtrés et groupes de fleurs vaporeuses ne sont que quelques exemples.

S'inspirer de la nature

Une journée à la campagne avec un calepin et vous reviendrez avec une moisson d'idées concernant la texture. Observez une haie, avec son motif complexe de tiges, rameaux, feuilles, fleurs et fruits. La façon dont les plantes sont étroitement mêlées est riche en détails intéressants, révélés au fur et à mesure que les différentes surfaces captent la lumière. Cherchez des motifs sur le sol, parmi des cailloux couverts de mousse, des graines, fruits, feuilles tombés. Regardez les arbres : le grain strié de leur écorce et la façon dont les branches s'enchevêtrent et disparaissent dans la frondaison. Notez la différence entre les grandes feuilles serrées et celles, petites et délicates, qui laissent filtrer des rayons de lumière. Il y a ensuite la texture des feuilles elles-mêmes. Certains champs aux plantes serrées, en touffes basses, dessinent dans le paysage des moutonnements verts à texture de velours, tandis que d'autres sont marqués par les lignes verticales des tiges de céréales ou esquissent des surfaces douces et ondoyantes de plantes fleuries, comme le jaune éclatant du colza. Ce foisonnement de textures peut vous inspirer pour toutes sortes de compositions séchées.

Choisir des plantes à texture originale

Des feuilles à texture originale peuvent servir à mettre des fleurs en valeur. Mieux vaut les grouper, de façon qu'elles se chevauchent partiellement et dessinent des ombres sur d'autres. Ainsi, la structure délicate, en filigrane, des fougères ou des feuilles d'acacia est précieuse en raison de leur surface mouchetée ou veinée. Toute fleur séchée a une texture propre : les corymbes aplatis, rugueux de l'achillée, les pétales gracieusement disposés en coupe d'une pivoine ou d'une rose, la mousse blanche de la gypsophile et les étoiles scintillantes des immortelles épanouies. De telles textures apportent un « plus » à la teinte de fleurs et sont à marier avec soin.

L'addition de fruits à un bouquet de fleurs séchées renforce inévitablement sa texture, car la principale qualité esthétique de la plupart des gousses et autres types de fruits réside dans leur texture. La gamme est là aussi sans fin, des arêtes vives et pointues des pommes de pins aux touffes douces et plumeuses des graminées.

Composition rustique
Dans cette composition, le mélange de végétaux très champêtres a été inspiré par la texture originale de ce panier tapissé de brindilles. On retrouve l'aspect rustique du panier, au revêtement irrégulier de brindilles, dans l'arrangement composé d'avoine, de houblon, de fruits de pavots, d'hortensias et de feuillage de chêne. L'harmonie des textures, des végétaux et du contenant est telle que l'on croirait que ces plantes séchées ont poussé dans le panier.

COULEUR

La lumière est constituée de toutes les couleurs que nous voyons dans un arc-en-ciel — le spectre de la lumière blanche, c'est-à-dire rouge, orange, jaune, vert, bleu, indigo et violet. La couleur d'une fleur telle que nous la percevons résulte de la quantité de lumière qu'elle absorbe et de celle qu'elle réfléchit. Les fleurs séchées ont en général des tons légèrement atténués par rapport aux couleurs de leurs congénères fraîches. Vous avez pu voir cependant, dans le chapitre sur la palette des couleurs, que la gamme des tons et des couleurs qu'offrent les fleurs séchées est très étendue. Parmi les

Composition sur une seule teinte (à gauche)
Cet arrangement assez froid, simple et élégant, ressortirait bien sur un fond coloré, par exemple de teinte pastel. Un arrière-plan bleu, jaune ou vert le rendrait plus tonique, tandis qu'il serait trop éblouissant sur un fond rouge ou pourpre.

Composition sur deux teintes
L'addition d'achillées aux épis de pieds-d'alouette ne change pas la forme de l'arrangement, mais le rend plus chaleureux et apporte une texture différente. Il s'intégrerait bien dans une pièce orange, jaune, blanche, bleue ou verte. Dans une pièce rose, l'effet serait étonnant, presque tapageur.

couleurs primaires (rouge, jaune et bleu), il y a de nombreux tons de jaunes et de rouges, tandis que les bleus sont moins bien représentés. La gamme des tons issus des couleurs secondaires (celles que l'on obtient par mélange de deux couleurs primaires) est très variée. Il y a des orange vifs, des verts frais et des pourpres profonds.

Associations de couleurs

Les couleurs, et certains tons de ces couleurs, qui sont côte à côte dans l'arc-en-ciel, se marient bien (voir pp. 116-117), et les bouquets faisant appel à une association de fleurs rouges et orange, orange et jaunes, jaunes et vertes, vertes et bleues, ou bleues et pourpres sont souvent très décoratifs.

Il est plus délicat d'associer des couleurs, et des tons de ces couleurs, qui sont éloignés sur l'arc-en-ciel (voir pp. 118-119), comme les mélanges de rouge et jaune, orange et vert, jaune et bleu, vert et pourpre.

Les associations les plus difficiles à réussir sont celles de couleurs, ou de tons de ces couleurs, qui sont séparés par deux ou trois autres sur l'arc-en-ciel : vert et rouge, orange et bleu, jaune et pourpre. Cela ne veut pas dire que l'on ne doit pas essayer. Des associations de couleurs vibrantes peuvent être très réussies, comme vous le verrez pages 120-121, mais il est plus difficile de leur trouver une place dans la maison.

Les associations de couleurs dépendent aussi de la quantité utilisée pour chaque composante. Ainsi, par exemple, dans une association de couleurs vibrantes, une petite quantité de rouge vif dans un bouquet à dominante verte donne beaucoup de vie et d'originalité à l'ensemble.

Les fleurs séchées ayant souvent des tons assez doux, atténués, elles sont faciles à marier au gré de votre fantaisie. N'ayez pas peur de mélanger plusieurs couleurs ou, au contraire, de n'en utiliser qu'une pour obtenir un effet différent.

Combinaison sur trois couleurs
Une petite quantité de statices violets donne une nouvelle dimension à cet arrangement. Le jaune et le violet se renforcent mutuellement lorsqu'ils sont en présence. Cette composition ferait bel effet sur un fond blanc, jaune ou vert.

COULEURS PROCHES

Il est facile d'associer des fleurs séchées de différentes teintes voisines sur la roue des couleurs. Les arrangements présentés ci-dessous à droite témoignent du fait que ce type de composition, non exubérant, n'a rien de fade non plus. Chaque petit bouquet rassemble des végétaux qui se trouveraient à leur avantage dans de nombreux vases.

Rose et abricot (à droite)
Une simple association de tons de rose et d'abricot, comprenant des rhodanthes et des chardons.

Tons de bleu (ci-dessous)
Statices, pieds-d'alouette bleu foncé et panicauts de mer offrent cette palette de bleus.

Jaune, or et vert (ci-dessous)
Ce bouquet est composé d'alchémille, d'achillée sauvage et d'amarante verte.

Jaune et blanc (ci-dessus)
Ce bouquet est composé de gypsophile, verge d'or et *Anigozanthos*. Les étonnantes fleurs jaune vif, globuleuses, sont des *Craspedia globosa*.

Rouge, rouille et orange (ci-dessus)
Une association de roses rouges, d'immortelles de teinte rouille, de dahlias rouges et de carthamus orangés.

Un arrangement estival aérien
Une coupe ovale en terre cuite, de teinte douce, a inspiré cette composition. Sa forme d'ensemble épouse les contours évasés du contenant. Les matériaux utilisés sont ceux figurant dans le petit bouquet ci-dessous.

Camaïeu de roses
(ci-dessous)
Cette gerbe est à l'origine de la composition ci-dessus. Elle associe pieds-d'alouette, fruits de nigelle, statices, ail d'ornement et un peu de feuillage.

Crème et blanc
(à droite)
Orge, brizes, fruits de pavot et pieds-d'alouette blancs constituent cette brassée de teinte douce.

COULEURS CONTRASTÉES

Les fleurs de couleurs proches, mais séparées par une autre teinte sur la roue des couleurs, se marient bien, et le contraste créé attire davantage l'œil que lorsqu'il s'agit de deux teintes se trouvant côte à côte sur l'arc-en-ciel. Du fait de ce contraste, il est cependant important de bien équilibrer les volumes des différentes teintes dans la composition.

Bleu et rose
(à droite)
Dans ce bouquet, des delphiniums bleus sont associés à des achillées rose bleuté et à des echinops.

Crème, jaune et argent
(ci-dessous)
L'argent de l'oreille-d'ours, *Stachys lanata,* intensifie le jaune et le crème des immortelles.

Orange et jaune
(ci-dessous)
Les amours-en-cage contrastent ici avec les achillées jaune foncé et l'alchémille jaune doré.

Rose et argenté
(ci-dessous)
Le rose vif des pieds-d'alouette est souligné par les immortelles rose-crème et l'acacia argenté.

Rouge brique, crème et vert
(à droite)
Ces roses de teinte brique contrastent avec les épis verts de chénopode et les inflorescences de *Verticordia.*

Composition claire et fraîche
Ce mélange de bleu foncé, jaune pâle et argent se marie à merveille avec les teintes douces de cette coupe ancienne en faïence de Delft, à motif fleuri.

Bleu, jaune et argent (à gauche)
Les éléments de l'arrangement présenté ci-dessus sont des bleuets bleu foncé, des immortelles des jardins jaune pâle et des feuillages légers d'acacia.

Rose et pourpre (ci-dessous)
Ici, les statices rose vif sont rehaussés par des amarantes pourpres et de gracieux épis d'avoine.

Rouge, crème et jaune (à gauche)
Ce bouquet est composé de silènes rose pâle, de statices crème et de roses jaunes.

COULEURS VIBRANTES

Les brassées de fleurs présentées sur ces deux pages sont des exemples d'associations de couleurs vibrantes formant des compositions très décoratives. Elles associent soit des couleurs très éloignées sur le spectre lumineux, soit des tons très contrastés bien que les couleurs auxquelles ils appartiennent soient proches. Ce type de composition peut facilement dominer l'environnement.

Rouge et rouille (à gauche)
Les fleurs rouge rosé, ressemblant à des framboises, des *Leptospermum*, contrastent violemment, dans ce bouquet, avec la teinte rouille, plus atténuée, des fruits de parelle et du *Limonium suworowii*.

Rouges et verts (ci-dessus)
Cette sélection comprend des immortelles, des roses et des baies rouges, des feuillages de callistémon, d'érable sycomore, des amarantes vertes et des solidagos vert tilleul.

Jaune citron et rouge écarlate (à l'extrême gauche)
Dans ce bouquet, le contraste entre le jaune citron vif et l'écarlate est adouci par le feuillage argenté du mimosa.

Orange et rose
Ce sont les tons contrastés de rouge orangé vif et de rose « shocking » de ces roses qui font tout l'éclat de cette association, ressortant tout particulièrement sur le feuillage vert.

Composition aux couleurs vibrantes
Dans cet arrangement, le contraste saisissant entre ces plantes écarlates, mauves et vertes retient immanquablement le regard et est parfaitement mis en valeur dans cette cocotte rouge vif.

Rouge écarlate, mauve et vert
Rince-bouteilles écarlates et delphiniums mauves offrent un contraste saisissant, associés aux têtes vert pâle d'hortensia. Ce sont les végétaux utilisés dans la composition ci-dessus.

Il y a de nombreux endroits dans la maison où les fleurs séchées sont à leur avantage. Les seuls endroits à éviter sont ceux où les fleurs sont en contact avec une certaine humidité et ceux où leurs couleurs fadissent sous l'effet du soleil direct. Cependant, sachez que des fleurs séchées tiendront tout de même assez bien (six mois environ) dans une cuisine ou une salle de bains, pourvu que la pièce soit suffisamment aérée.

Si le choix de l'emplacement dans la maison est vaste, celui de la forme et du style de la composition l'est encore plus. Tâchez de toujours vous laisser guider par les caractéristiques de l'emplacement prévu pour le bouquet. Une composition faisant bel effet sur une petite table, dans la chambre à coucher, n'aura sans doute pas le même impact si elle est posée à même le sol dans l'entrée ! Vous trouverez, dans les quelques pages qui suivent, des conseils pour la conception des bouquets secs destinés à des emplacements bien définis.

Plafonds

L'idée de décorer un plafond avec des bouquets de fleurs séchées vient tout simplement de la vue superbe que peuvent offrir des fleurs suspendues pour sécher. Si le plafond de la pièce ou du couloir que vous comptez décorer réunit les conditions voulues pour le séchage (voir p. 170), vous pouvez alors y accrocher de petits bouquets de fleurs fraîches qui sécheront et constitueront une décoration permanente. Pendant le séchage, il faut cependant que les bouquets soient suffisamment espacés pour que l'air puisse circuler librement. Ce n'est donc pas tout de suite que vous pourrez obtenir l'effet de masse donné par des bouquets bien serrés en tapis dense, comme sur la photo ci-contre. Il va de soi également que le plafond doit être assez haut pour que, une fois les fleurs suspendues, il n'y ait pas à baisser la tête pour passer ! S'il est trop bas, vous pouvez envisager de vous limiter à un coin de la pièce, par exemple au-dessus d'un meuble, bureau ou table. Si vous comptez garnir tout le plafond de fleurs séchées, tendez des fils métalliques assez solides entre des crochets fixés dans les murs opposés. Vous y suspendrez les bouquets, qui dissimuleront les fils.

Un plafond tapissé de fleurs
Si vous voulez décorer un plafond entier, fixez des pitons à vis dans les murs opposés, à environ 15 cm du plafond et tous les 25 cm. Tendez entre chaque paire de pitons opposés un solide fil métallique gainé de plastique. Préparez les bouquets de fleurs et liez-les à environ 5 cm de l'extrémité des tiges. Pour suspendre un bouquet, placez-le à califourchon sur le fil en séparant les tiges du milieu, comme ci-contre, en bas. Les fils peu décoratifs sont progressivement cachés par les masses des bouquets qui se chevauchent. Un large palette de teintes fait généralement beaucoup d'effet dans une pièce, mais il est bon de déplacer un peu les bouquets afin de varier les formes et les textures et d'équilibrer les différentes teintes pour que la réussite soit totale.

TABLES BASSES

De tous les emplacements possibles pour les compositions séchées dans la maison, les tables basses sont les plus fréquemment choisies. Une telle situation fait appel à un arrangement symétrique car, même s'il n'est pas possible de faire le tour de la table, sa position basse fait qu'on en voit souvent toutes les faces. Il faut donc choisir des fleurs qui soient aussi belles vues de dessus que de côté. Parmi celles qui se prêtent à ce type de compositions, on peut citer roses, helipterums, achillées, statices et immortelles des sables.

Vous pouvez opter pour une forme d'ensemble bombée, qui pourra être circulaire, ovale, ou même carrée ou triangulaire. Une fois cette forme d'ensemble définie, prévoyez quelques éléments, fleurs ou feuillages plus longs pour rompre la surface imaginaire de la composition formelle et, de même, créez des taches de couleurs ou de textures particulières un peu en dessous de cette surface, pour donner du relief.

Les contenants peu profonds sont généralement ceux qui s'adaptent le mieux aux formes étalées de ces compositions, permettant ainsi d'éviter que l'ensemble ne soit trop haut. Ces récipients ayant le plus souvent une ouverture large, taillez un bloc de mousse synthétique aux dimensions intérieures, pour y piquer les tiges des végétaux (voir pp. 68-71). Comme on regarde souvent un tel bouquet de dessus, couvrez la mousse synthétique d'un tapis de mousse végétale séchée avant de piquer les fleurs, de façon que la mousse synthétique ne soit pas visible entre les tiges.

Lors du choix du contenant et des végétaux, prenez en compte couleurs et textures (voir pp. 112-121). Essayez également d'intégrer la composition à son environnement, c'est-à-dire en tenant compte des couleurs et de la texture de la surface sur laquelle elle sera posée et, plus généralement, de celles de la pièce où elle sera placée. Il vous faut décider si l'arrangement doit se fondre dans le décor ou, au contraire, s'il doit s'en détacher; s'il doit avoir un charme discret ou, au contraire, attirer l'œil au premier regard.

Proportions

Les proportions de la composition sont fonction de celle de la table. Vous ne devez pas avoir à enlever ce bouquet pour vaquer à vos occupations quotidiennes. Si c'est le décor central d'une table sur laquelle on mange, la composition ne doit pas gêner le service ni cacher les convives ! Sur une table basse où l'on prend le café ou l'apéritif, il doit y avoir assez de place à côté du bouquet pour les objets qui s'y trouvent habituellement et pour poser un plateau ou des verres.

Composition pour table basse
La réussite de ce simple bouquet d'immortelles des sables blanches tient en grande partie au lien que crée la teinte miel du cœur des fleurs, de la table en bois et de la boîte en marqueterie. La présence du couvercle de la boîte constitue une sorte de prolongement de la composition.

MURS

L'accrochage d'un arrangement de fleurs séchées au mur est tout aussi délicat que celui d'un tableau ! La position du contenant est déterminante : sa hauteur, arrivant en général au niveau du regard, fixe son emplacement et même, dans une certaine mesure, les fleurs à utiliser. Il n'y a en effet aucun intérêt à placer en hauteur, sur un mur, des fleurs qui font meilleur effet vues de dessus. Aussi devez-vous bien les choisir. Vous pouvez par exemple opter pour des immortelles et des statices (dont les fleurs peuvent être orientées), des fruits ou des inflorescences au profil intéressant (comme les graminées) et des feuilles restant décoratives sous tous les angles.

Il existe différents types de contenants spécialement destinés à être fixés au mur. Choisissez par exemple des corbeilles, des vases à adosser, en céramique ou en terre cuite, ou encore une vieille boîte à sel en bois. N'oubliez pas que le contenant sera sans doute visible par en dessous et que, à la différence d'un tableau, il est à trois dimensions et peut être regardé de côté ou de face. Pensez aussi que la direction de la lumière venant toucher la composition joue un rôle important dans l'effet d'ensemble de la réalisation. Si vous les placez judicieusement, le contenant et les fleurs vont capter le faisceau lumineux arrivant de côté et projeter des ombres sur le mur, qui apporteront une dimension décorative supplémentaire à la composition.

Il vaut mieux que vous prépariez l'arrangement sur un plan de travail à bonne hauteur. Vous le placerez contre le mur de temps à autre, au fur et à mesure de sa réalisation, pour voir l'effet obtenu et rectifier au besoin la position des différents éléments. Fleurs et feuilles peuvent être tigées de façon à retomber sur le contenant. Dans ce cas, cependant, faites en sorte qu'ils aient l'air naturels, comme s'ils avaient poussé ainsi. Comme pour tout arrangement, recherchez simplicité et naturel de façon générale, et veillez à ce que les végétaux soient en harmonie avec leur contenant.

Un arrangement très naturel
Immortelles rouge orangé, orge dorée et brindilles de foin éparpillées sont à leur avantage, placées juste au-dessus du niveau du regard. Les tiges des graminées ont été montées sur fil métallique et recourbées à angle aigu, semblant ainsi cassées. Ces tiges, ainsi que le petit groupe d'achillées et de fruits de pavot, ajoutent à l'aspect non conformiste de cet arrangement de style rustique.

La préparation d'un arrangement dans un contenant, destiné à être accroché et regardé comme un tableau à trois dimensions, n'est pas la seule façon de décorer un mur avec des fleurs séchées. Vous pouvez tout aussi bien et plus simplement accrocher directement sur un mur (voir p. 95) de belles gerbes aplaties de végétaux séchés. Mais il faut rendre les attaches décoratives en y ajoutant un nœud, par exemple, ou un brin de raphia. Un simple bouquet préparé avec soin, composé de végétaux mettant en valeur le décor de la pièce, fera autant d'effet qu'un tableau. Les fleurs ayant la tête en bas, elles peuvent au besoin être accrochées assez haut. Pour une décoration plus classique, pensez aussi aux couronnes (voir pp. 98-99). À plus grand échelle, des bouquets ou des couronnes groupés sur un mur donnent une autre dimension et créent une atmosphère particulière.

Grands arrangements muraux

Si vous disposez de la place suffisante, pourquoi ne pas fabriquer une structure à fixer au mur, pour y suspendre des fleurs, comme sur la photo ci-contre? On retrouve l'effet de masse d'un plafond tapissé de fleurs, mais réduit à deux dimensions et devenant le centre d'intérêt de la pièce, au même titre qu'une tapisserie.

Sur un mur blanc, vous pouvez jouer à l'infini avec les teintes et textures des fleurs séchées. Sur un fond coloré, choisissez les teintes avec soin, afin qu'elles s'associent tout en étant en harmonie avec la couleur de l'arrière-plan.

Cadre mural pour bouquets suspendus
Fixez solidement deux crochets dans le mur, espacés d'environ 1,50 m. Suspendez-y une longueur de chaîne dans les maillons de laquelle vous pourrez passer des tuteurs en bambou d'environ 1,80 m de longueur. Ces tuteurs vous permettront d'accrocher les bouquets. Préparez la disposition des différents bouquets sur le sol, avant de les accrocher sur le cadre mural.

TABLES D'APPOINT ET SOLS

La similitude de ces deux emplacements tient à ce qu'ils demandent souvent des arrangements imposants, en général destinés à être adossés contre un mur ou devant une plaque de cheminée en été. Ils doivent donc avoir une face arrière aplatie et être décoratifs sur trois côtés. Si vous disposez d'espace, vous pouvez envisager un arrangement à poser sur le sol dans un coin de la pièce, ou même loin des murs, la composition prenant alors autant d'importance qu'un élément de mobilier. Ces arrangements peuvent être très grands, allant du sol au plafond, ou moins hauts, mais cascadant depuis un bac à plantes ou un grand panier.

Tables d'appoint

Ce type de petite table placée contre un mur est souvent situé dans l'entrée, ce qui fait que, quelle que soit la composition, c'est la première chose que l'on voit en entrant. De ce fait, la table d'appoint a un rôle important à jouer. Avant de réaliser le bouquet, étudiez les liens qui unissent la table aux murs et au plafond. Le contenant et les fleurs que vous choisirez doivent trouver leur place entre la table et le plafond, et respecter l'échelle de la table. Ils doivent également s'harmoniser avec, par exemple, les tableaux accrochés au mur. Le volume de ce type d'arrangement se prête généralement aux formes simples et aux jeux plus complexes de teintes et de textures. Une telle table dans une autre pièce de la maison fait plutôt appel à une composition plus discrète, mais les mêmes principes demeurent valables pour la conception.

Sols

Un grand bouquet destiné à être posé par terre représente une création importante, qui demande quantité de matériel végétal. Parmi les plus réussis, certains sont simplement composés de branches et de tiges de grande taille. Pour les bouquets en hauteur, choisissez un contenant assez haut et très stable, en harmonie avec les formes naturelles des végétaux sélectionnés. Un tel arrangement doit avoir une forme et une texture destinées à être remarquées. Les compositions basses peuvent faire appel à des fleurs séchées traditionnelles aussi bien qu'à des matériaux plus encombrants.

Composition pour un pichet
(à l'extrême droite)
Ce pichet rustique garni de massettes est idéal pour décorer cette petite table du XVIIe siècle. Les trois variétés utilisées ayant tendance à rester droites, plutôt qu'à s'étaler, on a mis de la mousse synthétique au fond du pichet pour maintenir les tiges dans la position voulue. Ce bouquet peut être admiré sur trois côtés.

Arrangement à poser au sol
(à droite)
Cet arrangement simple n'en est pas moins imposant. Atteignant près de 2 m de hauteur, il est composé de tiges de bambou à feuillage léger et argenté et d'épis d'oseille sauvage qui dessinent des motifs délicats au-dessus d'un vase représentant une cascade rocheuse. L'ensemble ne passe pas inaperçu !

PIÉDESTAUX

Les arrangements destinés à être posés sur un piédestal sont souvent imposants, naturellement mis en valeur par leur position. Assurez-vous de la solidité du piédestal et choisissez un contenant lourd, à col assez large pour y glisser de nombreuses tiges. Pour un arrangement de très grande taille, vous pouvez garnir le vase de mousse synthétique jusqu'au-dessus du rebord, en la maintenant par du ruban adhésif ou du grillage fin, de façon à pouvoir diriger un certain nombre de tiges vers le bas et à donner ainsi plus de volume à l'ensemble.

Si possible, préparez votre bouquet en mettant d'abord le vase en place. Prenez fréquemment du recul pour vous assurer de la symétrie de l'ensemble. Le bouquet doit en effet être bien proportionné, quel que soit l'angle sous lequel on le regarde.

Teintes pastel pour une composition estivale
Les fleurs (à tige souvent rallongée, voir p. 65) entrant dans ce bouquet aux couleurs douces sont : helipterum, *Anigozanthos*, gypsophile, bambou, oreille-d'ours, graminées fines et feuillage de *Banksia*. Cette urne imitant la pierre contient un seau garni de mousse synthétique. La mousse dépasse de 8 cm le bord de l'urne.

RONDE DES SAISONS ET JOURS DE FÊTE

Ayant acquis de l'expérience dans la réalisation des compositions séchées, vous pouvez vous inspirer d'événements particuliers, en choisissant éléments et style du bouquet en fonction de cette occasion, célébration des saisons ou fête familiale. Vous trouverez dans ce chapitre des exemples de décorations à base de fleurs séchées pour célébrer la ronde des saisons aussi bien que les jours de fête à la maison. Les compositions à poser sur une table ou sur le sol, les bouquets, couronnes et guirlandes présentés peuvent tous être adaptés en fonction de vos idées ou de vos besoins. Utilisez-les comme source d'inspiration pour vos créations personnelles.

PRINTEMPS

Le premier perce-neige annonciateur du printemps, puis la ronde des bulbes à fleurs sont chaque année un régal — ils ont un aspect si fragile, et sont pourtant si vigoureux ! Et soudain, chacun réalise avec soulagement que les jours rallongent, tout en découvrant les signes de reprise de la végétation, d'abord quelques touffes éparpillées de minuscules fleurs blanches, puis, à mesure que le soleil s'élève plus haut dans le ciel, l'imminence du printemps se précise. De plus en plus de jeunes pousses vertes apparaissent et, peu après, les jonquilles sont partout. Vert pâle, vert vif et jaune soutenu sont les couleurs prédominantes du printemps : les talus moussus, les lisières de forêt et les sous-bois, les parcs et les jardins revivent sous le coup de pinceau des narcisses. Çà et là, on aperçoit l'éclat d'une touffe de scilles bleus, la touche rose de petits phlox.

Réalisation d'un talus moussu
Pour réaliser un talus moussu sur un grand plat à découper, collez des pique-mousse (voir p. 62) en différents endroits du plat, et enfoncez sur chacun d'entre eux un bloc assez mince de mousse synthétique. Collez également des paires de pique-mousse, dos à dos, à enfoncer d'un côté dans la mousse synthétique, l'autre côté servant à maintenir la mousse végétale séchée. Décorez ensuite le talus avec des fleurs montées sur fil métallique.

L'idée de représenter le printemps sous forme de fleurs séchées peut, certes, paraître paradoxale. Mais malheureusement, la plupart des fleurs printanières ont trop d'eau dans leurs tissus pour bien sécher. *Grimmia plavinata*, une mousse, sèche cependant très bien et perd très peu sa teinte naturelle. *Helychrysum italicum, H. bracteatum,* statices jaunes étincelants gardent tous un jaune frais et printanier. Avec ces plantes, vous pouvez rendre une impression de printemps telle que l'on croira votre bouquet fait de fleurs fraîches et non de fleurs séchées.

Un talus moussu aux allures printanières
Dans l'arrangement terminé, de petits groupes de silènes roses, des tiges d'*Helichrysum italicum* et des fleurons de delphiniums, tous montés sur fil métallique (voir p. 64), ont été piqués dans la mousse. Des achillées aux tiges plus rigides et des helipterums blancs complètent le tableau dont la fraîcheur est celle d'une journée de printemps.

ÉTÉ

Dans nos régions à climat tempéré, les courtes journées d'hiver se passent souvent dans l'attente du retour des couleurs et de la chaleur qu'apporte l'été. Au début de la belle saison, lorsque la première rose s'ouvre, que l'herbe prend un beau vert franc, que les frondes des fougères se déroulent et que les premiers boutons des arbustes, plantes vivaces ou annuelles à floraison estivale s'ouvrent, c'est un avant-goût de la moisson de couleurs qu'offrent les massifs en plein été. La variété des couleurs chaudes et estivales semble sans limites : il y a les rouges veloutés vibrants, les roses éclatants, les jaunes brillants, les bleus soutenus, les crème chauds, les pourpres profonds, les verts à la fois acides et chauds — tous rehaussés par des épis, des panicules ou des trompettes du blanc le plus pur.

La cueillette de la saison pour le séchage

C'est l'époque la plus importante de l'année pour cueillir fleurs et plantes à sécher. En début de saison, cueillez astilbes, premières roses et alchémilles; un mois après, achillées, gypsophiles, statices, immortelles et immortelles de sables. Un peu plus tard, pieds-d'alouette (delphiniums annuels), rhodanthes et helipterums seront bons à récolter également. Puis, quand l'été tire à sa fin, c'est le tour des hortensias et des chardons. Coupez les fleurs quelques jours avant leur plein épanouissement et suspendez-les dans un endroit frais et aéré pour les faire sécher. Vous pouvez presser les grandes feuilles et les frondes de fougère entre deux feuilles de papier, sous un tapis, par exemple (voir pp. 180-181). La plupart des plantes à floraison estivale sont faciles à faire sécher. Il n'est pas nécessaire d'en faire sécher de grandes quantités, vous pouvez simplement essayer avec quelques petits bouquets de fleurs du jardin.

Réalisation du panier fleuri

Les quatre petits bouquets ci-dessus figurent les différents groupes de teintes associés dans cette composition. Presque toutes les couleurs du spectre lumineux y sont représentées. Sur la gauche, la gamme des jaunes, crème et blanc comprend immortelle des jardins, gypsophile, achillée, fruits de pavot et onopordon. Au centre figurent les rouges éclatants et les tons roses des célosies, roses, amours-en-cage, delphiniums et acrocliniums, en dessous, les bleus des delphiniums, des boules bleues et le lilas des hortensias. Les verts comprennent des feuilles de chêne, des fougères, des amarantes et des hortensias. Les petites inflorescences jaune vif d'immortelles, soigneusement disséminées, donnent de la vie à ce somptueux bouquet.

Couleurs et textures estivales
Cette composition dans un panier résume à elle seule tout l'éclat de l'été. Groupées ou isolées, les fleurs se mettent mutuellement en valeur et se complètent les unes les autres dans cet arrangement foisonnant de couleurs vives et de textures variées.

AUTOMNE

Le fastueux déploiement des floraisons estivales laisse ensuite place aux traditionnelles récoltes de l'automne, lorsque les fruits mûrissent et que les feuilles prennent des teintes rouille et or. Le soleil plus doux projette des ombres allongées quand son parcours dans le ciel s'éloigne de la verticale. Tôt le matin, la rosée dépose un voile sur les pelouses, tandis que, le soir, l'air se refroidit soudainement.

La cueillette de la saison pour le séchage

C'est le moment de récolter les feuilles, fleurs et fruits de l'automne. Il est capital de couper les feuilles dès qu'elles prennent leur belle couleur automnale. N'attendez pas trop longtemps. Une fois que la sève commence à déserter les feuilles, celles-ci sèchent si rapidement que, si vous les laissez un jour ou deux de plus sur l'arbre, elles tomberont d'elles-mêmes. Vous pouvez soit presser les feuilles individuellement, soit les laisser sur leurs tiges, disposées dans un vase avec un peu d'eau qui s'évaporera (voir p. 170).

De nombreuses fleurs d'automne — petits dahlias pompons, plumets de la verge-d'or et lanternes orangées du physalis — sèchent bien, suspendues la tête en bas. Vous pouvez employer la même méthode pour les hortensias, ou, plus simplement, les placer dans un vase avec un peu d'eau au fond. Avant de cueillir les fleurs d'hortensia, attendez que les minuscules fleurs au centre des bractées se dessèchent. Cueillez à maturité les graminées, joncs et roseaux. Ils sèchent tous facilement, soit posés sur du papier, soit placés en vase sans eau. Il faut « laquer » certaines plantes, comme l'herbe de la pampa ou les massettes (voir p. 171), afin que les fruits n'éclatent pas, comme ils le font normalement, pour libérer les graines. Les massettes ont besoin d'une bonne dose de laque pour rester parfaitement intactes. Si vous voulez avoir de bons résultats, faites-les sécher aussi rapidement que possible.

À cette saison de l'année, il est prudent de cueillir et de mettre à sécher les plantes le plus tôt possible, avant que le vent ne fasse des ravages et que le temps froid et humide à venir ne les fasse pourrir.

Réalisation de la gerbe

Prenez une bonne brassée d'orge et, en en utilisant à peu près les trois quarts, faites-en un cylindre central, en liant strate après strate avec une ficelle. Utilisez les tiges restantes pour former l'entourage de la botte, que vous fixerez avec un seul lien assez haut, de telle sorte que les tiges s'étalent en spirale. Taillez soigneusement les extrémités des tiges : la colonne centrale servira de piédestal à l'ensemble. Ajoutez une grosse tresse de raphia pour masquer les liens et apporter une finition décorative.

Tons d'automne
Des feuilles aux teintes chaudes et dorées ont été disposées et ont séché dans ce vase de forme simple. Les feuilles s'étalent en éventail pour venir presque toucher la gerbe d'orge placée à côté. Si, dans ce cas, les deux arrangements se marient harmonieusement pour créer un effet d'ensemble, ils pourraient aussi bien être séparés en deux compositions isolées apportant une note automnale dans la maison.

HIVER

En hiver, le paysage est peuplé de squelettes d'arbres et de buissons dénudés, tandis que le sol nu prend une teinte grisâtre. Le soleil manque de chaleur, mais, bas dans le ciel, il filtre entre les branches et les rameaux dépouillés. Seuls les conifères et quelques plantes à grandes feuilles persistantes gardent leur habit toute la saison, mais les teintes sombres de ces feuilles semblent accentuer l'impression de froid que dégage le paysage.

La cueillette de la saison pour le séchage

C'est le moment de faire provision du matériel végétal qui servira à donner structure et texture à de nombreuses compositions de fleurs séchées. Tous les rameaux et petites branches dénudées sèchent bien s'ils sont coupés en hiver, lorsque la circulation de la sève est ralentie. Le choix des formes est infini. Certains sont couverts d'un délicat tissage de lichen, d'autres portent des bouquets de cônes qui adoucissent leurs lignes sombres. Il y a les sarments de vigne tordus, idéals pour faire des couronnes tressées lorsqu'ils sont encore humides (voir pp. 72-73), et vous trouverez, tombées à terre, des branches qui serviront de troncs aux « arbres » de fleurs séchées. Lorsque les feuilles sont tombées, on découvre des fruits et des graines interéssants : ceux des iris sauvages, de la clématite et de la renouée, par exemple, sans compter les différents types de pommes de pin. Vous trouverez, à partir de la page 170, des conseils détaillés sur la façon de faire sécher les divers types de végétaux.

Les compositions hivernales les plus évocatrices, à partir de fleurs et plantes séchées, sont décharnées et dépouillées. De simples paniers peuvent être garnis d'une multitude de rameaux différents, ou de branches de certains conifères qui ne perdent pas leurs aiguilles — comme par exemple les cèdres ou de nombreuses variétés de pins et de sapins. Choisissez des petites branches aux formes intéressantes et coupez-les soigneusement au sécateur pour ne pas abîmer l'arbre.

Prenez des récipients d'aspect froid — par exemple opaques et réfléchissants pour évoquer la glace sur une mare, ou rugueux et gris-brun comme la terre gelée. Vous pouvez marier des paniers couverts de brindilles (voir p. 85) à des arrangements dépouillés de bois noueux et de fruits isolés. Un vase à col étroit peut être idéal pour une simple branche de conifère, surtout si elle porte des pommes de pin joliment disposées.

Des compositions hivernales sévères peuvent être transformées en décorations de fête par des apports de matériaux brillamment colorés, comme des immortelles rouges ou rose vif, des amours-en-cage ou des épis écarlates de callistémon. Des rameaux associés à des pommes de pin et à des fruits de forme originale prendront un éclat particulier si vous les teintez d'or ou d'argent, ou si vous les parsemez de chatoiements dorés ou de scintillements argentés. Ainsi, les inflorescences séchées des ails d'ornement se prêtent bien à ce type de traitement.

Simplicité d'une composition hivernale
Quelques branches de pin portant des cônes se marient admirablement avec les teintes et le style de ce vase rouille et bronze. Des rameaux de mélèze, à texture fine et à cônes plus petits, dessinent l'infrastructure de cet arrangement tout simple.

INVITATION À DÎNER

Une réception particulière, la célébration d'un anniversaire ou une réunion entre amis, demandent une attention spéciale concernant les détails de la décoration pour faire de cette occasion une soirée mémorable. L'utilisation originale des fleurs séchées apportera une touche distinctive à l'événement.

La table est généralement l'endroit où vos hôtes passeront l'essentiel de la soirée. Une fois assis, on préfère souvent s'y attarder, dans l'ambiance relaxante de l'après-dîner, plutôt que de passer dans une autre pièce. C'est pourquoi il vaut mieux destiner vos bouquets secs à la table elle-même, ou à une table d'appoint à côté. Vous pouvez également prévoir un arrangement à accrocher au mur de la salle à manger ou une grande composition à poser par terre dans un coin de la pièce.

Les arrangements les plus réussis sont souvent ceux qui ont pour thème une idée de départ toute simple. Par exemple, limiter le choix des fleurs à une couleur unique pour toutes les compositions, ou choisir comme dénominateur commun la texture particulière d'une plante. Pour la table photographiée à droite, l'idée était de répéter l'utilisation d'un contenant original — un petit vase en forme de sac à provisions.

Près de l'assiette d'un invité
Un amusant petit vase en céramique en forme de sac est garni d'un bouquet de fleurs légères dans les tons roses, bleus et jaunes, entourées de feuillage vert.

Harmonie d'ensemble
(à droite)
On retrouve, dans les petits vases comme dans le grand bac, les mêmes teintes et les mêmes silhouettes de fleurs.

Arrangement posé sur le sol (à gauche)
À côté de la table, mais assez loin des chaises, se trouve un grand bac à plantes en bois peint en blanc. Il met bien en valeur un beau bouquet de pieds-d'alouette roses, bleus et blancs, éclairés par des touches de statices jaune vif et du feuillage vert très léger. Ce grand arrangement fait partie d'un schéma décoratif d'ensemble basé sur la répétition.

Composition pour centre de table (ci-contre)
Six « sacs » miniatures en céramique ont été garnis de mousse synthétique dans laquelle on a planté un pique-bougie. On a ensuite disposé les vases en rayons partant du centre de la table. On a employé, pour cette composition d'ensemble ovale, les mêmes fleurs et feuillages que pour les décorations individuelles. Utilisez une bombe spéciale pour ignifuger fleurs et feuillages d'un tel arrangement comportant des bougies.

Autre suggestion pour un décor central
Voici une autre idée de décor de table, associant des roses d'un rouge éclatant, des touffes de lichen argenté et des frondes de fougères pressées, le tout arrangé dans une large coupe rustique en terre cuite. On peut imaginer des décorations individuelles complémentaires, avec les mêmes végétaux disposés dans de petits pots de fleurs en terre cuite.

L'automne arrive, apportant la nostalgie des longues journées chaudes de l'été. Mais, à la campagne, il y a aussi la satisfaction des récoltes terminées et rentrées. Les soirées se font plus fraîches, le feu crépite dans la cheminée. On oublie la pluie et le vent, c'est une période idéale pour fêtes et réceptions, quel qu'en soit le prétexte, sans attendre les réjouissances de fin d'année, qui sont encore loin.

C'est en outre une saison privilégiée pour les fleurs séchées. Les fleurs cueillies en été et au début de l'automne sont sèches et prêtes à être utilisées. C'est un véritable plaisir que de jouer avec la gamme des couleurs automnales — jaune d'or, rouille et orangés chauds. Ces fleurs vous réchaufferont, même si le temps dehors est exécrable ! Pensez à la chaleur des dahlias pompons rouges, des verges d'or, des amours-en-cage orangés et aux nombreuses teintes des hortensias. N'hésitez pas à mettre en valeur les épis de grains mûrs, le maïs, les graminées sauvages et les fruits de toutes sortes que vous pouvez trouver dans la nature. Les magasins regorgent de fruits et légumes parés de ces teintes chaudes et éclatantes : pommes rouges, poires dorées, potiron... Vous pouvez tout à fait les associer aux fleurs séchées, par exemple en vous servant d'un potiron évidé comme contenant, ou encore en mêlant fleurs et fruits dans une corbeille ou en formant une guirlande. Multipliez ainsi les arrangements séchés aux tons chauds et accueillez vos amis dans cette atmosphère chaleureuse célébrant les récoltes de l'année et rappelant les meilleurs moments de l'été.

Pour une étagère
Un broc décoré de fleurs peintes sépare deux petits bouquets à poser à plat, composés de fleurs aux teintes automnales simplement glissées dans une inflorescence d'hortensia. Le broc porte un joli bouquet de dahlias séchés à l'air, de verges d'or et de frondes de fougères.

Une entrée accueillante
(à droite)
La lourde guirlande encadrant la porte est assortie à la couronne qui y est accrochée. Une gerbe d'orge (voir p. 138) est posée à gauche de la porte tandis qu'à droite, une table de toilette ancienne est décorée de plusieurs arrangements automnaux et d'une courge.

Préparation de la guirlande (ci-dessus et à gauche)
Utilisez comme support un rouleau de grillage métallique bourré de foin (voir p. 73). Tigez séparément de petits bouquets d'amours-en-cage, orge et foin. Passez un fil métallique de gros calibre dans la tige de chaque épi de maïs et enroulez-le autour de la tige pour la consolider. Tigez des pommes en passant le fil métallique au centre. Faites ressortir le fil à l'autre extrémité et enfoncez-le dans le centre de la pomme.

Arrangements pour le dessus de table (à droite)
Une courge dorée, bien renflée, voisine avec une chope remplie d'orge, de graminées sauvages et de physalis. De l'autre côté est appuyée une corne d'abondance recouverte de foin et déversant des fruits.

Une accueillante couronne de pin et de houx sur la porte d'entrée, des bûches crépitant joyeusement dans la cheminée parée de guirlandes faites de branchages, de pommes de pin, de fleurs roses et rouges et de rubans, des tableaux eux aussi décorés, des bouquets rouges, verts, argentés et roses de feuillages, fleurs, noix, pommes de pin et rubans — ce sont là quelques-unes des images que Noël peut éveiller en nous.

Utilisez roses, immortelles, callistémon et amours-en-cage pour composer des guirlandes éclatantes et des bouquets qui fassent écho à l'humeur joyeuse de cette période de l'année. Le feuillage à l'aspect hivernal de nombreuses espèces de pin se prête à merveille aux arrangements, frais ou séchés. Transformez rameaux et feuilles avec une peinture en bombe, argentée ou dorée, et saupoudrez-les de paillettes avant que la peinture ne sèche. Tigez fruits et pommes de pin (voir p. 67), teintez-les en argent, rouge ou or, et couvrez-les de paillettes ou bien vernissez-les simplement si vous comptez les associer à des fleurs vives. Le houx sèche malheureusement mal, aussi vous faudra-t-il le renouveler de temps à autre dans vos décorations de Noël.

Pourquoi ne pas accrocher, dans le sapin, de petits ornements faits avec des fleurs séchées ? Collez ensemble quatre ou cinq têtes d'immortelles colorées pour former une sphère, et accrochez-la dans l'arbre aux côtés des boules traditionnelles. De tout petits bouquets ronds feront beaucoup d'effet également.

Dans une boîte à thé
Ces rameaux et feuillages d'eucalyptus ont été teintés d'argent avec une peinture en bombe et saupoudrés de paillettes.

Abondance de décorations
Un sapin de Noël, des guirlandes, des décorations murales et une composition sur la table transforment l'atmosphère de cette pièce.

Couronne de fête (à gauche)
Trois branches de pin, de 60 cm de longueur environ, et quelques rameaux portant des pommes de pin argentées ont été réunis pour former la base de cette couronne. Des rubans rouges, roses et argent cascadent depuis un gros nœud argenté qui masque l'attache de la couronne. Pour compléter la composition, les branches ont été parsemées d'immortelles, de quelques petits rubans et de boules roses.

Une guirlande qui attire l'attention (ci-dessus)
Cette guirlande imposante et asymétrique est équilibrée par une gravure de Noël. En réalité, il s'agit de deux guirlandes, chacune composée de bouquets se chevauchant partiellement (voir p. 100). Les éléments utilisés sont : des branches de pin séchées, des immortelles rouges et roses, des rameaux portant des cônes saupoudrés d'argent, des leptospermums et du houx frais panaché.

Simple composition pour un pot de fleur (ci-dessus)
Il s'agit ici d'une sphère de grillage métallique (voir p. 70) recouverte de lichen teint en vert, et décorée de petites baies rouge vif.

Arrangement très naturel (à droite)
Des feuilles d'eucalyptus, de fins rameaux émergeant d'un nuage vaporeux de lavande de mer donnent à cet arrangement une apparence légère et très naturelle.

Une corbeille bien garnie
(à gauche)
Cet arrangement est composé d'une corbeille tapissée de lichen vert foncé et garnie de petites branches de pin, de noix et de pommes de pin parsemées de poudre argentée, de petits bouquets légers de gypsophile, scintillants également, et de groupes disséminés de baies rouge vif.

Couronne traditionnelle
(ci-dessous)
Quatre bougies vert foncé ont été disposées sur cette couronne classique réunissant fruits de clématite sauvage, roses, immortelles rose pâle, hortensias verts, lichens verts, épis d'agonis et frondes d'osmonde. La base de la couronne est en grillage métallique garni de mousse.

Cette journée, souvent l'une des plus marquantes de notre vie, est toujours placée sous le signe des fleurs. La mariée et ses demoiselles d'honneur portent un bouquet à la main et ont souvent une coiffure ornée de fleurs. Église et salle de réception croulent sous les arrangements floraux et, parfois, une pluie de pétales parfumés accueille les mariés à la sortie de la cérémonie. Les bouquets de fleurs fraîches sont superbes le jour même, mais ils se fanent tristement dès le lendemain. Les fleurs séchées peuvent, au contraire, se garder de nombreuses années en souvenir de ce jour mémorable.

Un autre avantage non négligeable des fleurs séchées est que l'on peut confectionner bouquets, couronnes, guirlandes et autres décorations bien à l'avance, ce qui limite les préparatifs de dernière minute.

Thème coloré

Avant de réaliser des décorations florales pour un mariage, il faut tout d'abord définir un thème coloré. Cela ne signifie pas qu'il faille utiliser les mêmes fleurs pour tous les arrangements, mais que les teintes et textures générales doivent être en harmonie. Un mariage tout en blanc est certes très beau, mais, de nos jours, on associe de plus en plus des teintes crème et pastel au blanc pur, voire des fleurs très colorées.

Bouquets à porter à la main

Pour le bouquet de la mariée, on peut choisir parmi de nombreux types de bouquets différents. L'essentiel est de s'assurer que les fleurs se tiennent facilement à la main et que le bouquet est réussi sans être trop imposant. Les bouquets de mariée dépassent rarement 40-50 cm de longueur. On leur donne souvent une forme d'ensemble en goutte d'eau, mais le style peut varier entre le classicisme strict et la fantaisie totale. Certaines mariées préfèrent se contenter d'un petit bouquet rond traditionnel, comme en portent généralement les demoiselles d'honneur (voir pp. 92-93). On peut aussi porter une belle gerbe sur le bras.

Fleurs séchées pour la réception

On peut décorer les tables du buffet, et notamment celle où trône la pièce montée, de guirlandes (voir pp. 102-103) agrémentées de gros nœuds de rubans. Entourez le gâteau de simples fleurs d'immortelles à la base et coiffez-le d'un petit vase portant un bouquet assorti. Vous pouvez également préparer des compositions pour un piédestal ou un guéridon, et d'autres destinées à être posées au centre des tables du buffet.

Prêt pour la cérémonie
Des guirlandes de fleurs séparées par de gros nœuds entourent la table où trône la pièce montée. Le gâteau lui-même est décoré en bas d'une rangée de fleurs et en haut d'un petit bouquet. À côté de la pièce montée est posé le bouquet de la mariée et, sur la chaise devant le piédestal, la couronne de la mariée et un bouquet de demoiselle d'honneur.

Réalisation de la couronne de mariée

1 Préparez de petits bouquets avec les divers éléments choisis. Accolez deux tiges métalliques, faites une boucle à une extrémité et coupez l'autre de façon que la longueur des tiges dépasse de 2 cm environ la longueur voulue pour la couronne. Entourez-les de ruban adhésif coloré.

2 Fixez les bouquets un à un sur la monture, avec du fil métallique en bobine, en cachant chaque attache avec du ruban adhésif. Dissimulez la boucle du support sous les fleurs du premier bouquet et les tiges de chaque bouquet sous les fleurs du suivant. Laissez dépasser 2,5 cm de la tige.

3 Courbez la tige décorée pour former un cercle régulier, passez l'extrémité de la tige dans la boucle et recourbez-la pour bien la fixer. Les fleurs du premier bouquet doivent cacher les tiges du dernier.

Le bouquet et la couronne de mariée terminés (ci-dessous)
La couronne de mariée, dont la réalisation est expliquée page ci-contre, est ici posée à côté du bouquet. Lorsque la couronne est posée sur la tête, on peut rectifier la position des petits bouquets de fleurs. Le bouquet de mariée est une simple gerbe (voir p. 92) composée de fleurs assorties à celles de la couronne : roses d'un rose vif, gypsophile, immortelles rose pâle, anigozanthos jaunes, avoine et feuillages légers. Disposez d'abord les tiges les plus longues et veillez à ce que les tiges des roses n'aient plus une seule épine !

Bouquet couronnant la pièce montée
Un petit vase en argent convient ici tout à fait pour porter le bouquet couronnant le gâteau. Outre des roses et des immortelles que l'on retrouve dans le bouquet de la mariée, celui-ci comprend des leptospermums blancs, des leucodendrons et des feuillages argentés légers.

Des fleurs pour les demoiselles d'honneur
(à droite)
Voici trois exemples de bouquets de demoiselle d'honneur. Le panier garni de fleurs conviendra tout à fait à une très jeune demoiselle d'honneur : il est petit, léger et facile à porter. La sphère fleurie a généralement les faveurs des 5-10 ans et est réalisée à partir d'une balle de mousse synthétique recouverte de mousse végétale séchée. À tout âge, on peut aussi porter un petit bouquet rond traditionnel, dont les tiges sont maintenues par un ruban.

Réalisation d'un bouquet de mariée retombant

1 Tigez et entourez de ruban adhésif coloré la tige de chaque élément du bouquet, puis préparez un premier groupe de fleurs, faisant environ les trois quarts de la longueur du bouquet, en liant chaque fleur et chaque feuille avec du fil métallique fin. Recouvrez les tiges de ruban adhésif coloré.

2 Continuez à ajouter des éléments au bouquet, de façon qu'il s'étale peu à peu en éventail et commence à retomber suffisamment. Recourbez au fur et à mesure les tiges montées, pour former la « poignée » par laquelle la mariée tiendra le bouquet.

3 Rajoutez des fleurs et des feuilles pour que la base du bouquet ait une forme ronde. Coupez et fixez en place le fil métallique, puis recoupez les tiges du bouquet à 18-20 cm de longueur totale.

4 Préparez un nœud avec un long ruban et, avec le même ruban, entourez la poignée du bouquet, en laissant une longueur suffisante en haut pour nouer.

5 Remontez, toujours en entourant les tiges de ruban, et faites un simple nœud en haut. Servez-vous des deux bouts de ruban qui dépassent pour fixer le gros nœud décoratif.

6 Bien que ce style de bouquet soit assez classique, ses contours irréguliers apportent une note d'originalité.

AUTRES IDÉES FLEURIES

Les décorations à base de fleurs séchées ne sont pas nécessairement des bouquets à placer dans un vase. Nous vous présentons dans ce chapitre de nombreuses idées de cadeaux et de réalisations qui font appel aux fleurs séchées aussi bien pour leur parfum que pour leur aspect décoratif. Vous apprendrez ainsi comment réaliser des tableaux de fleurs pressées, ou des arrangements miniatures dans tout un choix de contenants.

POT-POURRI

Pétales de rose, lavande, mimosa, œillet, lis, jasmin, violette, chèvrefeuille, pivoine et fleur d'oranger gardent tous leur parfum longtemps après le séchage. Un mélange de ces fleurs odorantes dégagera certes un arôme délicat, mais vous obtiendrez un parfum plus pénétrant en y ajoutant herbes, épices, graines aromatiques, écorces, huiles essentielles et fixateur, pour composer un pot-pourri.

Dans un bocal étanche, faites alterner des couches de pétales parfumés encore frais et du sel. Conservez ce bocal pendant deux semaines environ. Ajoutez-y ensuite herbes, épices et fixateur, refermez le bocal et gardez-le encore six semaines. Pour terminer, versez-y quelques gouttes d'huiles essentielles ou d'essences de fleurs et laissez le tout encore deux semaines dans le bocal. Vous pouvez ensuite mettre le pot-pourri dans un autre récipient, percé de trous mais muni d'un couvercle. La seconde méthode, plus utilisée de nos jours, n'emploie que des matériaux séchés. Mélangez des pétales séchés parfumés à des herbes séchées, épices, fixateurs et huiles essentielles. Conservez le tout pendant six semaines. Vous pouvez alors répartir le pot-pourri dans des petites coupes ou des bols.

QUELQUES RECETTES

Mélange vert, frais et parfumé (sec)
1 tasse de chaque : feuilles de géranium à parfum de citronnelle, feuilles de verveine odorante, fleurs de mimosa, feuilles de myrte
¼ tasse de poudre de racine d'iris
Écorce séchée de 2 citrons
4 gouttes d'essence de citronnelle et de géranium rosat
Pour la décoration : petites immortelles et frondes de fougères

Mélange de fleurs du jardin (mouillé)
5 tasses de pétales de roses parfumées
2 tasses de chaque : pétales de soucis, de pivoine
1 tasse de chaque : fleurs de bergamote, fleurs de chèvrefeuille, œillets parfumés
4 tasses de sel de mer
½ tasse d'épices en mélange
⅓ tasse de poudre de racine d'iris
6 gouttes de chaque : essence de rose, de géranium rosat, de bergamote

Lavande en dominante (sec)
3 tasses de fleurs de lavande
2 tasses de pétales de roses rose pâle
Écorce séchée de 2 citrons
1 tasse de chaque : feuilles de leptospermum, citronnelle, aspérule
¼ tasse de poudre de racine d'iris
4 gouttes d'essence de lavande

Mélange épicé (mouillé)
1 tasse de chaque : baies de genévrier, baies de laurier, fruits de myrte, de bois de santal, cynorrhodons, buisson ardent, pétales de rose
2 cuillerées à soupe de chaque : cannelle, clous de girofle en poudre
½ tasse de chaque : racine de gingembre en tranches, mélange d'épices, graines d'anis, lichen rouge, patchouli
Écorce de 3 oranges et 3 citrons

Mélange parfumé du jardin (mouillé)
2 tasses de chaque : pétales de roses rose pâle, fleurs de lilas blanc, fleurs de tilleul
1 tasse de chaque : fleurs de philadelphus, de muguet, feuilles de lippia, fleurs de camomille, œillets blancs, feuilles de myrte, feuilles de géranium rosat
4 tasses de sel de mer
6 gouttes d'essence de verveine
4 gouttes d'essence de muguet
30 g de benjoin

Rose en dominante (sec)
8 tasses de pétales de roses rouges
1 cuillerée à soupe de clous de girofle
2 cuillerées à soupe de chaque : mélange tous épices, cannelle en poudre, poudre de racine d'iris
4 gouttes d'essence de rose

Mélange boisé (sec)
4 tasses de brindilles de cèdre
2 tasses de copeaux d'écorce de cèdre
1 tasse de copeaux de bois de santal
2 cuillerées à soupe de poudre de racine d'iris
4 gouttes de chaque : essence de bois de cèdre, huile de bois de santal
Pour la décoration : cônes de cèdre et de pin

Mélange de fleurs du jardin

Mélange vert, frais et parfumé

Lavande en dominante

Mélange épicé

Mélange parfumé du jardin

Rose en dominante

Mélange boisé

TABLEAUX DE FLEURS SÉCHÉES

La plupart des fleurs et des feuilles gardent, après avoir été pressées, l'essentiel de leur teinte et de leur délicatesse, ce qui rend cette technique intéressante pour toutes sortes de feuilles, fleurs et graminées. Narcisses, scilles, primevères et perce-neige gagnent à être pressés, ainsi que, bien souvent, les fleurs de composées, les petites tiges de myosotis, gypsophile et crocosmia. Les plantes charnues, succulentes, sont en revanche difficiles à presser et les fleurs doubles, comme roses et pivoines, sont souvent déformées après cette opération. Les pétales se chevauchant peuvent cependant donner des résultats très décoratifs, par exemple pour les fleurs en trompette telles que lis et tulipes.

Pour mettre en valeur les végétaux séchés sous presse, le mieux est généralement de les disposer à plat sur un fond de teinte neutre et de les encadrer. Il n'existe pas de règles strictes concernant l'art de composer un tableau de fleurs séchées. Laissez-vous guider et inspirer par les plantes elles-mêmes, en gardant en mémoire la façon dont elles poussent dans la nature. Les herbiers et gravures botaniques peuvent vous offrir également une source d'inspiration pour vos compositions. Placez feuilles et fleurs sur une feuille de papier à dessin épais, de bonne qualité, et de teinte unie et mate, blanc cassé ou crème de préférence. Essayez différentes associations de fleurs et de feuilles. Vous pouvez entourer le tableau

Disposition des matériaux pressés (ci-dessus)
Les feuilles pressées mises en place ci-dessus vont former le tableau représenté ci-dessous. On a opté pour une disposition très simple, mais élégante, les tiges des feuilles étant toutes dirigées vers le bas.

Tableau coloré (ci-contre)
Une frise de feuilles de rosier encadre un groupe de fleurs de pensées, d'hortensias, de persil et une anémone.

Arrangement simple
(ci-dessous)
L'intérêt de ce tableau est axé sur le mélange des teintes et des textures de ces différentes feuilles.

d'une frise de feuilles ou de fleurs plus petites, comme par exemple feuilles de rosier ou fougères. Les feuilles argentées de *Cineraria maritima* s'y prêtent à merveille également, ainsi que les lierres à petites feuilles. Ne placez pas d'éléments trop près des bords du papier, car le cadre empiète en partie sur la feuille. Une fois que vous êtes satisfait de la disposition, il vous suffit de coller chaque composant à la place voulue. Utilisez une colle au latex: une petite goutte suffit, au dos et au centre de la feuille ou de la fleur; ou encore une colle incolore en bombe. Si vous utilisez une colle à prise très rapide, méfiez-vous: l'élément doit être collé exactement au bon endroit, car vous aurez du mal à le déplacer sans l'abîmer. Choisissez un cadre simple, qui fasse bien ressortir le tracé délicat des feuilles et des fleurs.

CADEAUX

Non seulement les fleurs séchées peuvent être offertes en cadeau sous forme d'arrangements très variés, mais elles peuvent également servir à décorer et parfumer d'autres présents. Une unique rose et une feuille de fougère, ou un simple petit bouquet de quelques brins de lavande et de mimosa fixé au nœud d'un paquet apportent une touche finale originale et parfumée.

Pots-pourris et pommes d'ambre

Le pot-pourri (voir p. 160) peut être utilisé dans toute une gamme de cadeaux. Remplissez-en des sachets en coton ou en lin pour parfumer tiroirs et armoires, ou encore des coussins ou des oreillers. Si vous garnissez un oreiller, veillez à ce que le parfum du pot-pourri ne soit pas trop fort. Vous pouvez aussi remplir de pot-pourri une jolie coupe en céramique ou un petit vase décoré. Cherchez un récipient dont les couleurs soient complémentaires de celles du pot-pourri et, après l'avoir enveloppé dans un papier transparent, terminez le paquet par un nœud assorti. Vous pouvez aussi saupoudrer de pot-pourri la base d'un arrangement de fleurs séchées, pour apporter une touche à la fois colorée et parfumée.

Les pommes d'ambre sont réalisées avec des agrumes. Piquez une orange ou un citron de clous de girofle sur toute sa surface, en laissant un espace d'environ la moitié d'une tête de clou de girofle. En séchant, le fruit se rétracte et les clous de girofle tapisseront alors toute la surface. Vous percerez sans difficulté la peau d'une orange avec un clou de girofle, mais, pour un citron, il vous faudra peut-être préparer les trous avec une aiguille. Laissez un espace sur toute la circonférence du fruit pour y passer un ruban. Ensuite, saupoudrez le fruit de poudre de racine d'iris — vous pouvez également y ajouter de la muscade et de la cannelle en poudre —, enveloppez-le dans un sachet en papier et conservez-le dans un placard frais et dépourvu d'humidité, jusqu'à ce qu'il soit bien sec. Vous pouvez aussi remplir de pot-pourri de petites sphères en métal ou en céramique, ou encore garnir d'épices et de poudre de racine d'iris une corbeille munie d'un couvercle.

Bougies parfumées et fleurs pressées

Il est très facile de fabriquer soi-même des bougies parfumées. Vous trouverez tout le matériel nécessaire dans les magasins spécialisés. C'est traditionnellement de la cire des baies de *Myrica cerifera* que l'on ajoute à la cire de bougie pour la parfumer. Une autre solution, plus fréquente aujourd'hui, consiste à ajouter à la cire quelques gouttes d'une essence de fleur. Si vous voulez faire des bougies à la fois parfumées et décoratives, sous le signe des fleurs, tapissez le moule de fleurs et de feuilles pressées avant de verser la cire.

Les fleurs pressées peuvent aussi être montées sur un papier épais pour faire de petits tableaux (voir p. 162) ou des cartes de correspondance.

Prenez une colle au latex pour fixer les fleurs sur le papier ou le carton. Ne mettez qu'une très petite quantité de colle sur chaque élément, pour éviter que feuilles ou fleurs ne soient abîmées.

Paquet orné de brins de lavande et de mimosa

Oreiller bourré avec du houblon séché

Bocal en verre rempli de pot-pourri disposé en couches

Bougies parfumées et décorées

Boîte en plastique transparent contenant du pot-pourri et décorée de pensées pressées fixées par un film plastique transparent

Arrangement parfumé de fleurs séchées
Bol en céramique rempli de pot-pourri
Petites cartes décorées de feuilles et de fleurs pressées
Pomme d'ambre (réalisée avec une orange)
Paquet décoré d'une rose et d'une feuille de fougère
Sachet de pot-pourri
Sachets et pot-pourri pour armoires et tiroirs
Petit panier à épices en raphia

COMPOSITIONS MINIATURES

Les fleurs séchées se prêtent à merveille à la réalisation de compositions miniatures. Leurs qualités ornementales ressortent encore davantage à petite échelle. Une grande fleur ou une inflorescence de protée, d'artichaut ou de chardon peut faire de l'effet seule dans un petit vase, mais des arrangements composés de groupes d'une même variété ou de fleurs différentes seront remarqués également. Essayez d'associer quelques épis de blé à des immortelles, ou quelques bleuets à des statices, piqués dans la mousse synthétique placée au fond d'une petite corbeille basse ou d'un vase minuscule. Vous pouvez destiner une telle composition à une table de chevet ou en aligner une petite collection sur une étagère.

La porte est ici largement ouverte à la créativité : que diriez-vous d'un jardin miniature sur une assiette couverte de mousse ou encore de fleurs sauvages disséminées parmi de petits galets dans un plat ? Leur réalisation est peut-être délicate, mais passionnante, et le résultat en vaut certainement la peine.

Teintes sourdes
Cette minuscule corbeille met bien en valeur les associations colorées des compositions de ces deux pages. Ici, des cônes de leucodendron piqués dans une base de mousse sont disséminés entre des épis de phalaris.

Corbeilles dans une corbeille
Plusieurs paniers miniatures peuvent être garnis de fleurs de couleurs vives et utilisés séparément ou ensemble, comme ci-dessus, dans une plus grande corbeille. Deux corbeilles miniatures tiennent juste dans ce plateau-corbeille; l'une contient des fleurs serrées de delphiniums bleus, piquées dans de la mousse synthétique couverte de mousse de sphaigne, tandis que l'autre est garnie d'un mélange de statices orangés et d'avoines claires.

Roses rouges dans le foin
Des roses rouges 'Mercedes' sont piquées dans de la mousse synthétique tapissée de foin. On a amassé le foin entre les fleurs et ajouté çà et là quelques épis de graminées sauvages.

Roses roses et feuillage d'argent
Piquées dans la mousse synthétique recouverte de mousse végétale séchée, ces roses 'Mullard Jubilee' d'un rose intense contrastent avec le feuillage argenté d'helichrysum.

Rouge, vert et argent
Les fleurs semblables à des framboises de *Leptospermum* sp. sont entourées de feuilles de rosier et piquées dans un support de mousse synthétique.

Association de trois couleurs vives
Cette corbeille minuscule contient des panicauts et des bleuets piqués sur un fond d'helipterums roses et jaunes.

Trois corbeilles en une
Une corbeille garnie d'immortelles à petites fleurs en bouquets rose pâle reposant sur un lit de mousse séchée est placée à côté d'une autre, composée d'immortelles des sables et de gypsophile. Sur la droite de la corbeille-plateau est placée une combinaison éclatante de statices pourpres et d'immortelles des jardins jaune vif.

Roses et graminées
Un petit vase en argent porte quelques roses d'un rose délicat, soulignées par de légers épis de brize.

Artichaut
Ce petit vase vernissé en forme de bulbe pourrait, a priori, sembler trop petit pour une tête d'artichaut, et pourtant leur association est très réussie.

Tout argent
Une unique carline argentée, associée à quelques inflorescences duveteuses de stachys, forme une composition originale pour cette chope en argent.

Immortelles jaune citron
Une minuscule coupe en argent est garnie d'immortelles jaunes.

Combinaison exotique
Cette élégante boîte à thé accueille ici un petit bouquet de *Craspedia globosa* et d'anigozanthos jaunes. La teinte du cuivre rend encore plus éclatant le jaune doré des fleurs.

Immortelles roses
Des immortelles d'un rose soutenu surgissent de ce petit récipient large et peu profond, en verre bleu sombre — un arrangement très simple, mais si joli.

Vase lustré
Ce petit vase lustré hexagonal contient un simple bouquet de fruits de pavots miniatures et de gypsophile.

SÉCHAGE ET AUTRES PETITS TRAVAUX

Dans les pages qui suivent, les différentes méthodes de séchage des fleurs fraîches et autres végétaux sont présentées en détail. Vous y découvrirez également comment réparer les plantes abîmées, comment transformer l'aspect, la teinte ou la forme des feuilles ou des fleurs, enfin comment conserver les matériaux secs. Ce chapitre se termine par un petit guide reprenant, plante par plante, les caractéristiques des plantes séchées, ce qui vous aidera à choisir les végétaux appropriés pour vos arrangements.

SÉCHAGE À L'AIR

Le séchage à l'air est la plus simple et la plus courante des quatre principales techniques utilisées pour conserver les végétaux. Tout ce qu'il vous faut, c'est une pièce fraîche (pas moins de 10° C), sèche, avec une bonne circulation d'air. Les meilleurs endroits pour le séchage à l'air sont en général les armoires à sécher le linge, buanderies, greniers, garages et abris de jardin.

Selon la forme des végétaux, on peut les faire sécher à plat, placés dans un vase ou suspendus en petits bouquets — méthode utilisée pour la plupart des fleurs (voir p. 173). Assurez-vous que l'air circule bien autour des fleurs et des feuilles. Les feuilles sont particulièrement riches en eau, et, si vous serrez trop plusieurs tiges, les feuilles risquent de pourrir rapidement.

Séchage à plat

La plupart des graminées, bambous, champignons et rameaux sèchent bien à plat. Les feuilles se flétrissent en séchant de cette façon, mais gardent bien leur teinte et leur disposition sur la tige, ce qui n'est pas le cas lorsqu'elles sèchent dressées ou suspendues. Posez les plantes sur une surface absorbant l'humidité : carton, papier journal ou même plancher en bois conviennent tout à fait. Une surface de linoléum, de carrelage ou de pierre doit être recouverte de carton ou de papier. Espacez les plantes pour que l'air circule autour des tiges et des feuilles.

PLANTES RECOMMANDÉES

Séchage à plat
- Lavande
- Bambou
- Oseille sauvage
- Toutes les graminées
- Grande berce

Séchage en vase
- Acanthe
- Eucalyptus
- Lavande de mer
- Chénopode
- Mimosa
- Delphiniums hybrides
- Gypsophile
- Hortensia

Séchage en boîte
- Mousse de sphaigne
- Autres mousses
- Lichen
- Sélaginelle

Séchage sur un cadre métallique
- Artichaut
- Maïs doux
- Inflorescences d'ails d'ornement
- Carline
- Protée
- Fruit de lotus

Séchage en vase

Il existe deux méthodes pour faire sécher les plantes en position dressée. Les grandes graminées et les inflorescences telles que herbe de la pampa, oseille sauvage, massette, ail d'ornement, lavande de mer, *Limonium sinuatum* et chénopode sèchent bien simplement placées dans un grand vase vide (à droite). Les fleurs comme hortensia, mimosa, delphinium hybride, gypsophile, et lachenalia sèchent mieux dans un vase contenant 4 à 5 cm d'eau au fond. Les plantes absorbent d'abord un peu d'eau, puis le reste s'évapore progressivement tandis que les plantes sèchent.

Séchage sur un support en bambou
Les plantes grimpantes, comme houblon ou clématite à fruits décoratifs, sèchent rapidement si vous les coupez lorsqu'elles sont encore pleines de sève et si vous les enroulez autour d'un tuteur en bambou placé horizontalement.

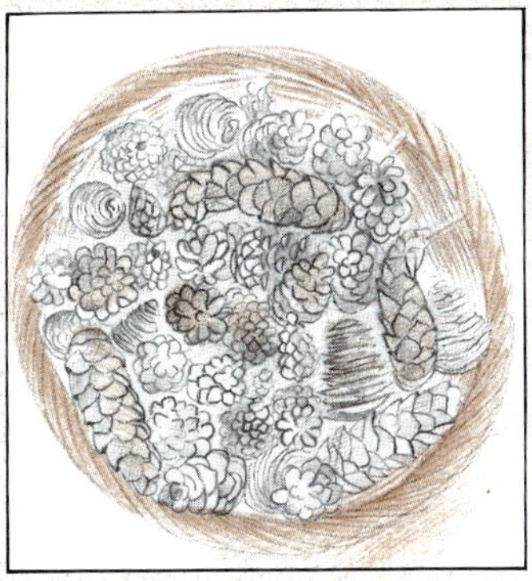

Pommes de pin dans une corbeille
Les fruits des conifères commencent à sécher sur l'arbre. Ramassez en forêt ou dans votre jardin des cônes de jolie forme et posez-les simplement dans une corbeille pendant quelques jours à la température ambiante de la maison, jusqu'à ce qu'il n'y ait plus de traces d'humidité entre les écailles.

Mousse en boîte ou en caissette
Les mousses sont faciles à faire sécher. Posez simplement la mousse en une seule couche sur du papier journal froissé, sur un plateau ou dans une caissette en bois. Ne serrez pas trop la mousse pour qu'elle ne pourrisse pas. Le lichen argenté se prête bien également à ce traitement. La mousse de sphaigne, qui prend en séchant une teinte vert-beige, constitue un excellent décor de fond pour les arrangements.

Fleurs à tête lourde
Mieux vaut faire sécher individuellement les grosses fleurs ou inflorescences, en les posant sur un cadre de grillage métallique. Fixez horizontalement une bande de grillage et passez les tiges des fleurs dans les mailles, en les espaçant bien. Le grillage doit être placé assez haut pour que les plus longues tiges pendent librement. Cette méthode est idéale pour artichauts, protées et maïs. Laissez les enveloppes des épis de maïs pendant le séchage.

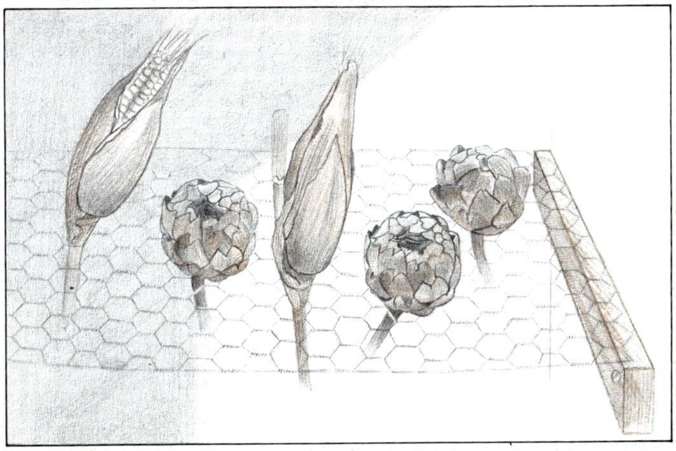

Traitement des graminées et des joncs
Les graines de certaines graminées, notamment de l'herbe de la pampa et des joncs et massettes, ont tendance à se disperser en nuages au séchage si leur surface n'est pas protégée. Cueillez ces plantes avant que les graines ne soient à maturité et vaporisez-les abondamment avec de la laque pour cheveux ou un autre fixatif. Ne lésinez pas sur la quantité, sinon les épis se désintégreront rapidement.

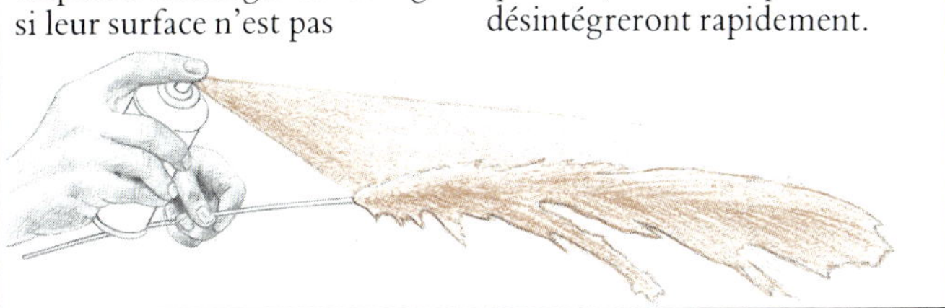

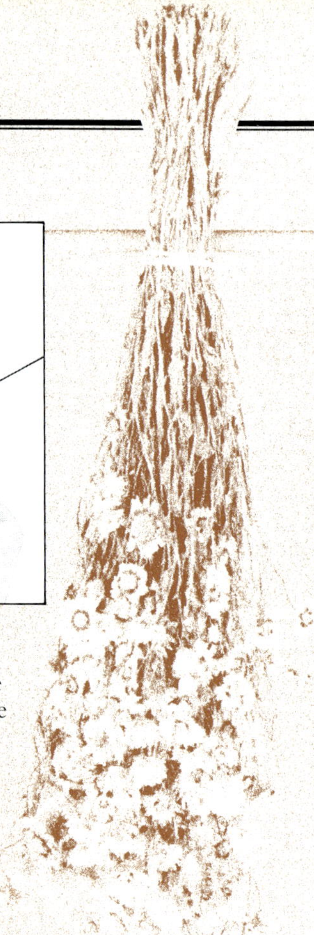

Tigeage des fleurs pour le séchage - première méthode

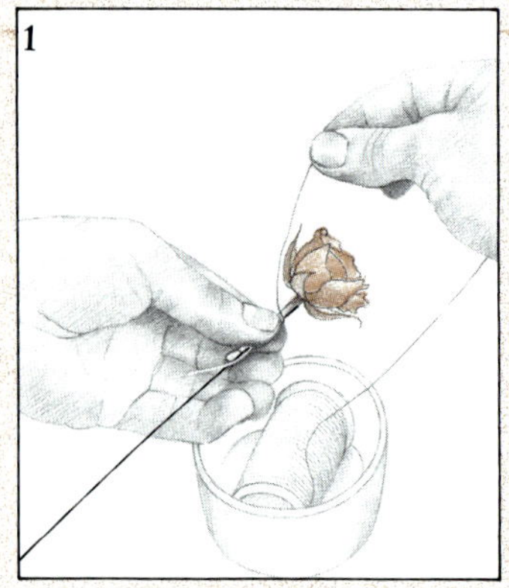

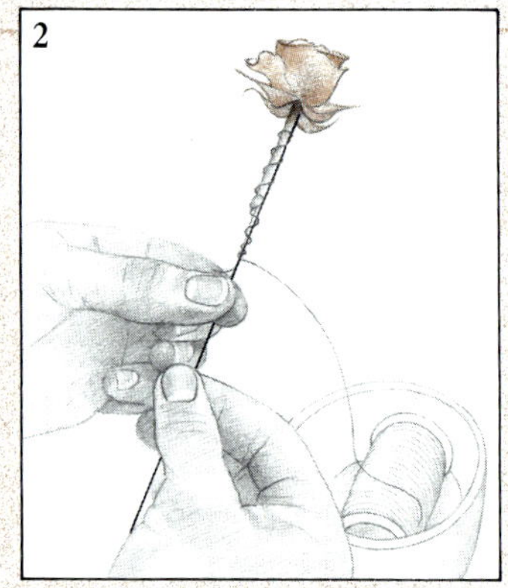

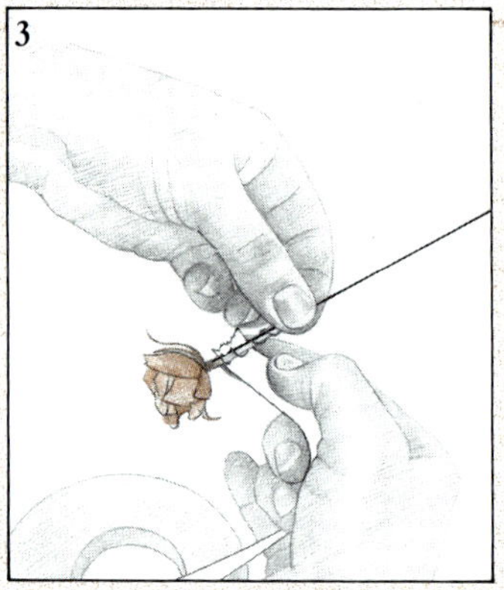

1 Les fleurs à tige très courte (comme les rosiers floribunda) demandent à être tigées avant le séchage. Prenez une tige métallique de calibre moyen et maintenez-la contre la tige de la fleur. Commencez à enrouler du fil métallique fin autour des deux tiges, comme pour les fleurs séchées (voir p. 64).

2 Enroulez le fil métallique autour des tiges en descendant, en serrant bien. Continuez à enrouler le fil en dessous de la tige florale, jusqu'au bas de la tige métallique, puis coupez le fil et fixez-le en place.

3 Recouvrez la tige ainsi rallongée de ruban adhésif coloré, en commençant juste sous la fleur. Tirez bien sur le ruban adhésif et descendez jusqu'à l'extrémité de la tige métallique.

Tigeage des fleurs pour le séchage - seconde méthode

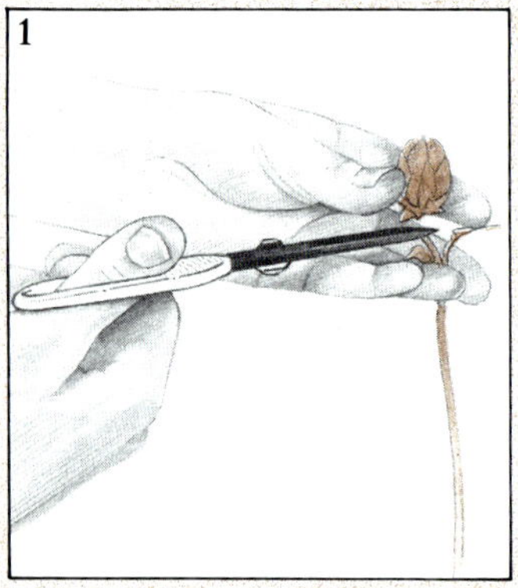

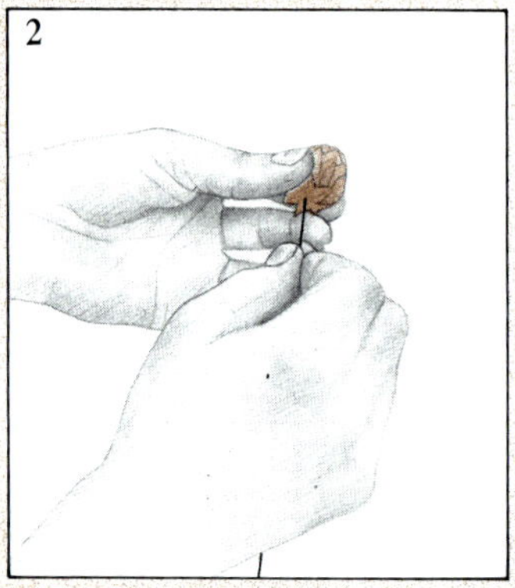

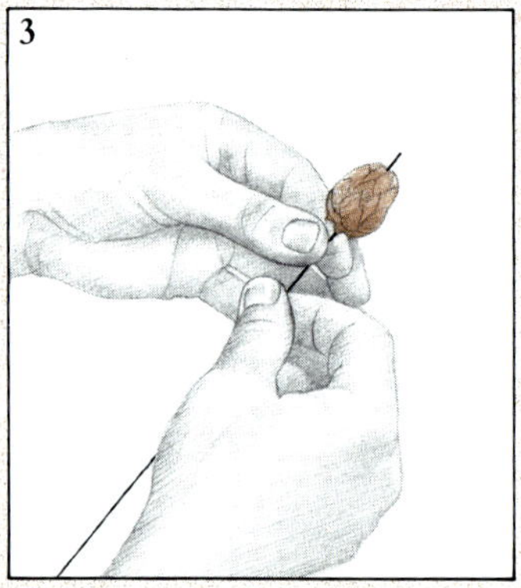

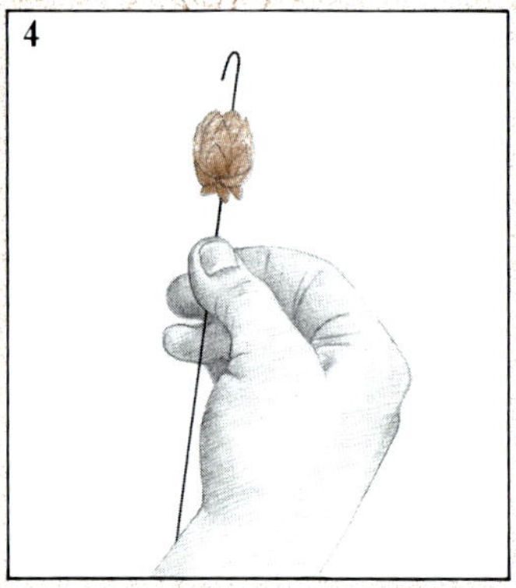

1 Cette méthode convient mieux à certaines fleurs, notamment les immortelles. Tenez délicatement la fleur dans une main et coupez sa tige juste sous l'inflorescence (choisissez toujours des fleurs en bouton sur le point de s'ouvrir).

2 Prenez une tige métallique de calibre moyen et enfoncez-la dans la base de la fleur. La tige doit pénétrer dans la fleur au même point que la tige naturelle.

3 Passez la tige métallique à travers la fleur, dans sa longueur, en la laissant dépasser de 5 cm environ. Veillez à ne pas abîmer les pétales en enfonçant la tige.

4 Recourbez l'extrémité de la tige qui dépasse puis tirez-la en arrière de façon que la branche du « U » ainsi formé revienne percer la base de la fleur. Repliez cette branche pour la maintenir en place.

Comment lier des fleurs tigées

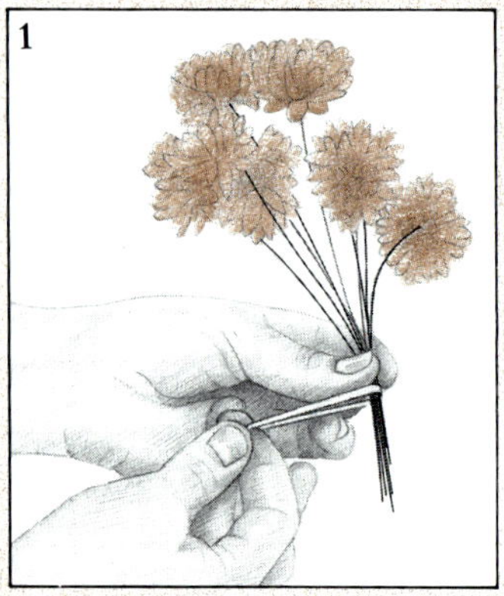

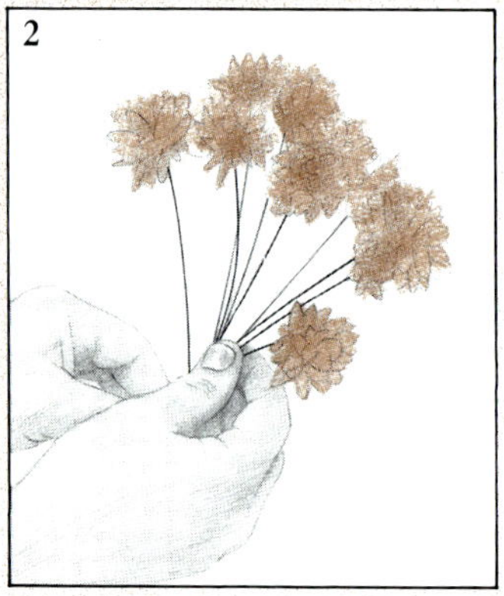

1 Les fleurs montées sur tiges métalliques alors qu'elles sont encore fraîches sont très faciles à suspendre pour les faire sécher. Groupez une dizaine de fleurs et attachez-les avec un élastique.

2 Écartez délicatement les tiges métalliques en les pliant légèrement pour que les fleurs ne se touchent pas, laissant ainsi l'air circuler. Accrochez ce bouquet la tête en bas pour le séchage.

PLANTES RECOMMANDÉES

- Roses
- Immortelle des jardins
- Pied-d'alouette
- Statice
- Achillée
- Helipterum
- Rhodanthe
- Amour-en-cage
- Verge d'or
- Mimosa
- Rince-bouteille

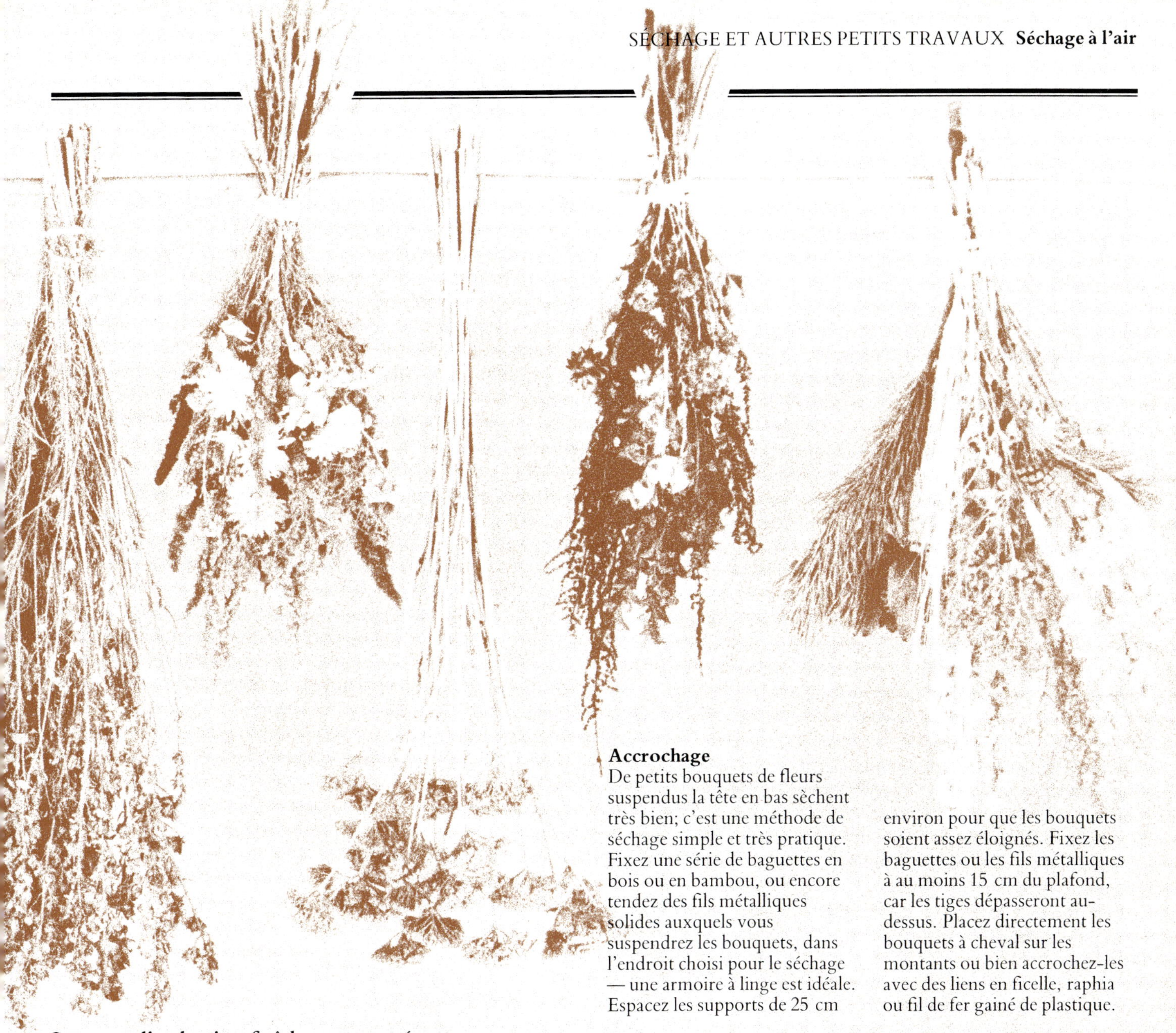

Accrochage

De petits bouquets de fleurs suspendus la tête en bas sèchent très bien; c'est une méthode de séchage simple et très pratique. Fixez une série de baguettes en bois ou en bambou, ou encore tendez des fils métalliques solides auxquels vous suspendrez les bouquets, dans l'endroit choisi pour le séchage — une armoire à linge est idéale. Espacez les supports de 25 cm environ pour que les bouquets soient assez éloignés. Fixez les baguettes ou les fils métalliques à au moins 15 cm du plafond, car les tiges dépasseront au-dessus. Placez directement les bouquets à cheval sur les montants ou bien accrochez-les avec des liens en ficelle, raphia ou fil de fer gainé de plastique.

Comment lier des tiges fraîchement coupées

1

2

3

1 Assurez-vous que les tiges des fleurs à sécher à l'air sont robustes et ne risquent pas de se casser au séchage. Cueillez-les juste avant le plein épanouissement (comme la rose ci-dessus), mais pas plus tard.

2 Éliminez les feuilles basales et toutes les épines. Les tiges doivent être parfaitement dénudées à l'endroit où elles seront attachées, afin d'éviter que des feuilles serrées ne commencent à pourrir.

3 Regroupez environ cinq fleurs, en les plaçant à différentes hauteurs pour qu'elles ne se touchent pas. Attachez les tiges dans le bas, sans trop serrer, avec de la ficelle ou du raphia. Écartez ensuite les fleurs pour que feuilles et inflorescences soient bien séparées et que l'air circule partout. Si elles sont trop proches, pétales et feuilles risquent de pourrir.

GLYCÉRINE

Quelques fleurs, comme hortensias, clochettes d'Irlande et bruyères, peuvent être conservées après trempage dans la glycérine, mais c'est surtout avec des feuilles que l'on obtient de bons résultats. L'avantage de la conservation par la glycérine est que les tissus végétaux restent souples. L'inconvénient, en revanche, est que fleurs et feuilles changent de couleur après traitement, virant le plus souvent au kaki ou au brun fauve. Les végétaux sont trempés dans un mélange de glycérine et d'eau. Au fur et à mesure de l'absorption, l'eau s'évapore, et les plantes sont finalement saturées en glycérine.

Préparez les plantes en éliminant les feuilles inférieures des tiges et en recoupant celles-ci en biseau pour augmenter la surface en contact avec la solution. Entaillez et écrasez la base des tiges ligneuses pour favoriser l'absorption du mélange. Plongez ensuite les plantes dans l'eau pendant quelques heures pour qu'elles se réhydratent. Préparez la solution glycérinée, avec 40 % de glycérine et 60 % d'eau très chaude, et disposez les tiges dans un récipient rempli de 8 à 10 cm de ce mélange. Dans le cas de tiges souples, choisissez un vase assez haut qui soutienne bien les tiges. Pendant l'absorption de la glycérine, placez le vase dans un endroit sombre et frais. Le temps nécessaire pour que les tissus se saturent de glycérine varie selon la densité des végétaux, mais vous pouvez commencer à surveiller l'évolution au bout de six jours environ.

PLANTES RECOMMANDÉES

- Hêtre
- Feuilles d'eucalyptus
- Feuilles de chêne
- Laurier
- *Elaeagnus*
- Hortensia
- Clochette d'Irlande
- Lierre
- Feuilles de magnolia
- Feuilles d'aspidistra
- Feuilles de choisya
- *Senecio greyi*
- *Phlomis fruticosa*

Traitement des feuilles

1 Immergez les grandes feuilles ou les rameaux dans une solution contenant 50 % de glycérine et 50 % d'eau, jusqu'à ce qu'ils changent complètement de teinte.

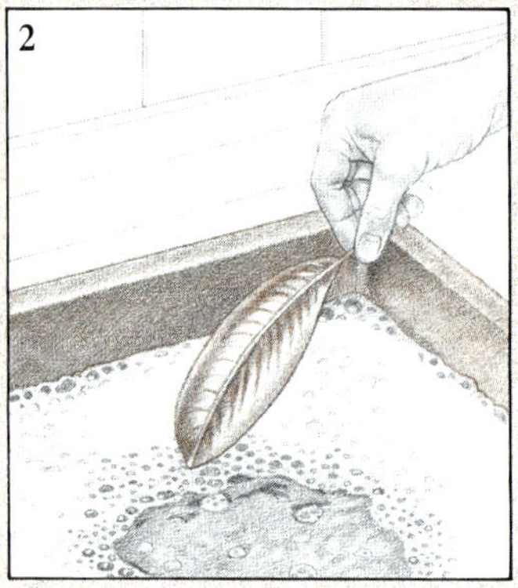

2 Sortez les feuilles du mélange, lavez-les dans une solution de détergent doux puis posez-les à plat sur du papier journal pour qu'elles sèchent.

Les feuilles conservées par la glycérine restent souples et gardent leurs caractéristiques, hormis la couleur.

Traitement des tiges

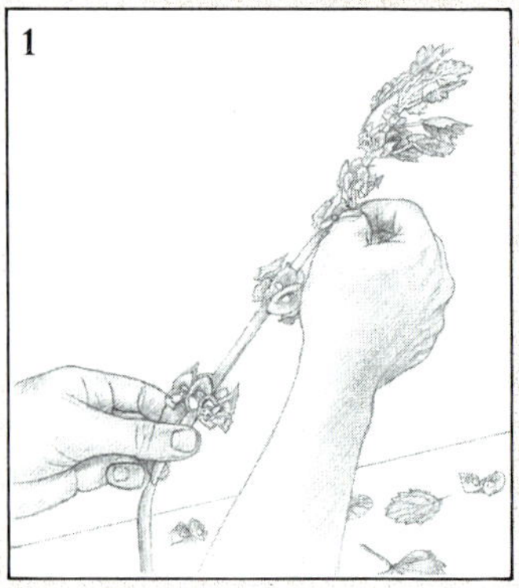

1 Éliminez feuilles et bractées de plantes telles que clochettes d'Irlande, sur 10 à 12 cm au bas de la tige.

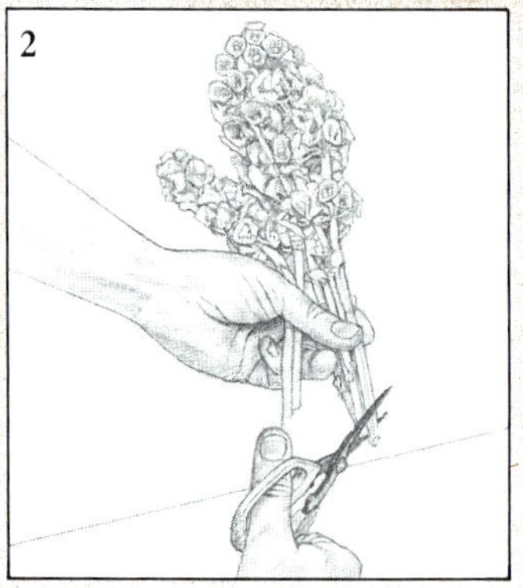

2 Rassemblez les tiges et recoupez leurs extrémités en biseau.

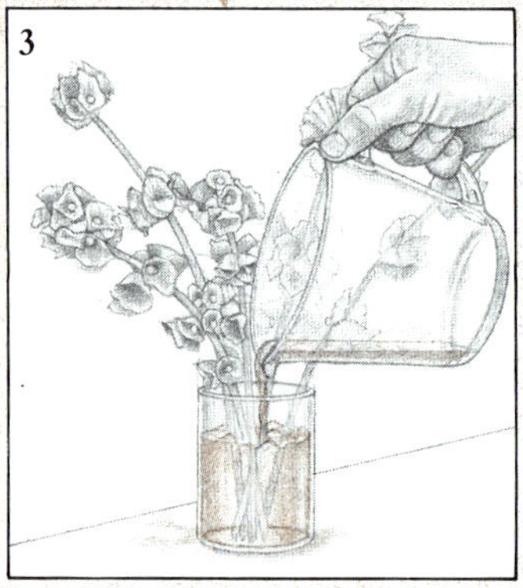

3 Disposez-les dans un récipient assez haut et versez-y 8 à 10 cm de solution glycérinée.

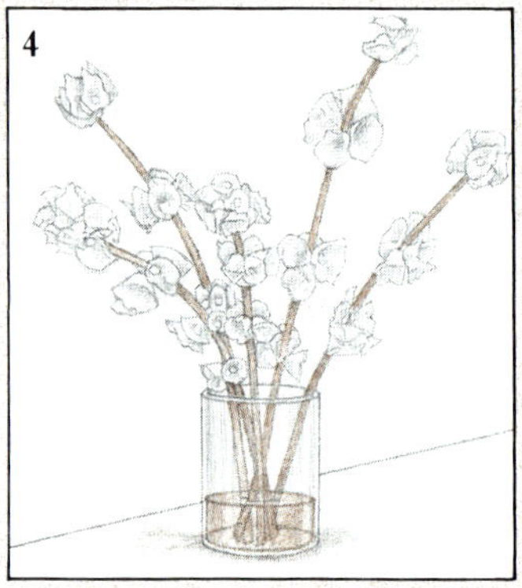

4 Placez le vase dans un endroit frais et à l'obscurité pendant environ dix jours.

DESSICCATIFS

On peut utiliser des dessiccatifs comme borax, gel de silice, sable ou un mélange des trois pour absorber l'eau présente dans les tissus des fleurs et des feuilles. Les végétaux séchés de cette façon conservent l'essentiel de leurs teintes et de leur forme d'origine.

Séchage au gel de silice

Le gel de silice déshydrate rapidement les plantes et l'on peut réutiliser ses cristaux de nombreuses fois. On le trouve dans les magasins spécialisés sous forme de cristaux blancs ou de cristaux à indicateur coloré. Ces derniers sont bleu vif lorsqu'ils sont secs et virent au rose lorsqu'ils ont absorbé l'humidité. Il faut piler les cristaux dans un mortier pour les réduire au moins de moitié, cela afin de mieux recouvrir toutes les surfaces des matériaux à sécher.

Étalez une couche de 1 à 2 cm de cristaux secs, broyés, au fond d'un récipient fermant hermétiquement. Déposez en surface les fleurs ou feuilles tigées, puis recouvrez complètement les végétaux de gel de silice, en faisant glisser les cristaux dans tous les interstices avec un pinceau. Refermez bien le récipient. Examinez les plantes deux jours plus tard : elles doivent être rigides au toucher et les cristaux bleus doivent avoir changé de couleur. Sortez les fleurs ou feuilles dès qu'elles sont sèches car, si elles restent trop longtemps, elles deviennent cassantes. Pour réutiliser les cristaux, il suffit de les sécher en les passant à four chaud, étalés sur un plateau. Conservez-les dans un récipient étanche.

Séchage au borax, ou alun, et sable

Borax et alun se présentent sous forme de poudre qu'il vaut mieux mélanger à du sable fin avant usage : comptez trois volumes de poudre pour deux volumes de sable. Procédez comme pour le séchage avec du gel de silice, mais attendez au moins dix jours avant de regarder si les végétaux sont secs. Pour réutiliser le mélange, passez-le à four doux.

Séchage dans une boîte à biscuits

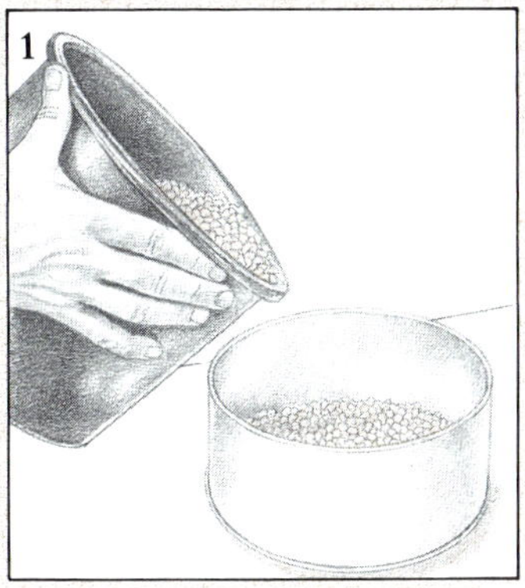

1 Versez 1 à 2 cm de cristaux bleus de gel de silice finement broyés au fond d'une boîte à biscuits à couvercle hermétique. Les cristaux doivent être tout à fait secs.

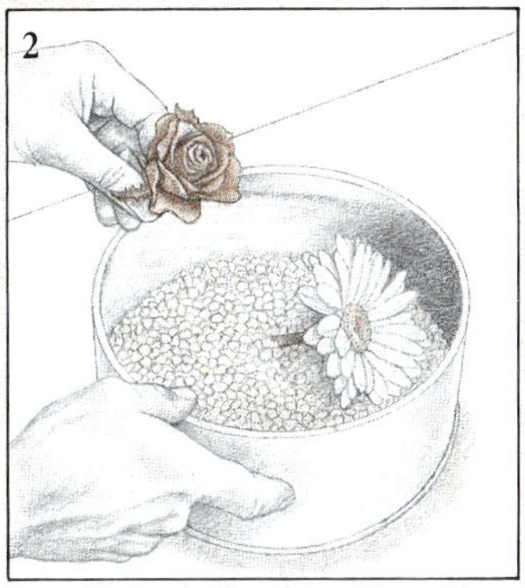

2 Placez les fleurs, tigées ou avec un court pédoncule, sur cette couche de gel de silice, en les disposant de façon à pouvoir les recouvrir complètement de cristaux.

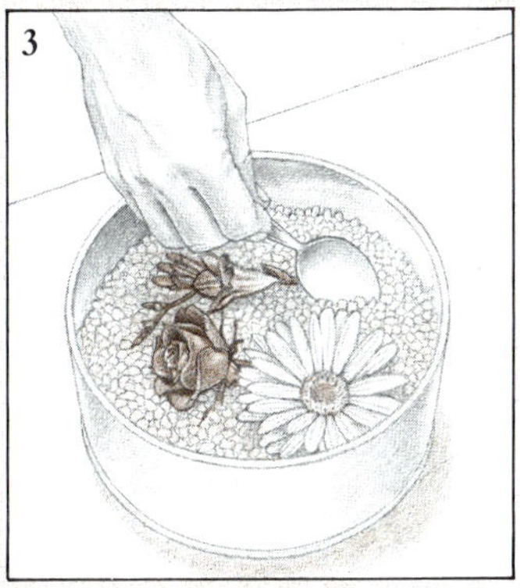

3 Avec un pinceau ou une petite cuillère, faites glisser les cristaux entre les pétales et au-dessus, de telle sorte que les cristaux maintiennent les fleurs dans une position naturelle.

4 Dès que vous avez entièrement recouvert les fleurs, fermez bien la boîte et collez un ruban adhésif tout autour, pour la fermer hermétiquement. Conservez dans un endroit sec.

PLANTES RECOMMANDÉES

- Roses
- Pivoine
- Zinnia
- Delphinium
- Dahlia (petites fleurs)
- Freesia
- Gentiane
- Hellébore
- Lis
- Narcisse
- Pied-d'alouette
- Renoncule
- Anémone
- Gerbera
- Camélia
- Orchidée

Vérification du séchage
Dans le gel de silice, les fleurs devraient être sèches au bout de deux jours environ.

SÉCHAGE SOUS PRESSE

Le séchage sous presse est une méthode de séchage très simple. Les plantes sont réduites à deux dimensions, mais gardent leurs couleurs naturelles. Vous obtiendrez de meilleurs résultats avec une véritable presse à fleurs, achetée ou que vous aurez fabriquée vous-même, mais vous pouvez aussi vous contenter de quelques gros livres ou placer les plantes sous un tapis lourd.

Pour fabriquer une presse à fleurs, il vous faut deux solides planchettes, de préférence en bois dur, ou bien en contre-plaqué épais. Percez aux quatre coins des deux planchettes des trous en regard pour y faire passer quatre longues vis munies d'écrous à ailettes. Une autre solution consiste à maintenir la presse serrée en l'entourant de solide ficelle de nylon. Placez les feuilles ou fleurs à presser entre deux épaisseurs de papier buvard ou autre papier absorbant, et deux autres épaisseurs de carton ondulé épais. Les intercalaires en carton ondulé permettent d'éviter que la forme d'une couche de matériaux mis à sécher ne s'imprime sur une couche adjacente.

Cueillez les végétaux que vous voulez presser par temps sec et mettez-les sous presse aussitôt. Évitez les plantes à feuilles charnues, comme les orpins et autres plantes succulentes. Éliminez également les fleurs à trois dimensions marquées, comme les grandes orchidées, qui seraient très déformées au pressage. Les étamines ont tendance à ressortir du centre de la fleur : aplatissez-les délicatement du doigt ou bien laissez-les dépasser tout en aplatissant les pétales autour. Dans ce dernier cas, découpez un trou dans le papier buvard et dans le carton ondulé, de la taille du bouquet d'étamines, afin que celles-ci seules soient dressées dans la presse (voir page ci-contre). Le temps nécessaire pour le séchage des plantes varie en fonction de leur densité, mais vous pouvez commencer à regarder au bout d'une dizaine de jours.

PLANTES RECOMMANDÉES

- Pensée
- *Hydrangea paniculata*
- Lis
- Freesia
- Anémone
- Hellébore
- Tabac d'ornement
- Fougères et autres feuillages
- Hosta
- Marguerite
- Primevère
- Perce-neige
- *Polygonum affine*
- Clématite

Presse traditionnelle

Presse assemblée

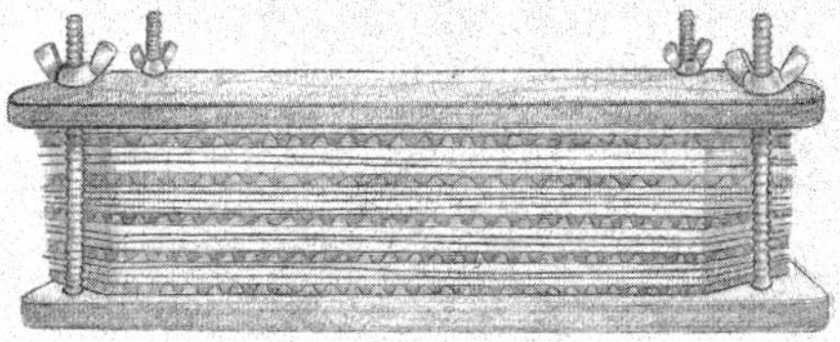

Vous trouverez des presses à fleurs dans les grands magasins et les boutiques d'artisanat et de cadeaux. Mais vous pouvez en fabriquer une vous-même. Deux planchettes carrées en contre-plaqué épais forment le dessus et la base de la presse et sont réunies aux quatre coins par de longues vis maintenues par des écrous à ailettes. Intercalez entre les planchettes sept ou huit couches de carton ondulé et de papier buvard, de façon à pouvoir faire sécher de nombreuses fleurs et feuilles en même temps.

Réalisation d'une presse simplifiée

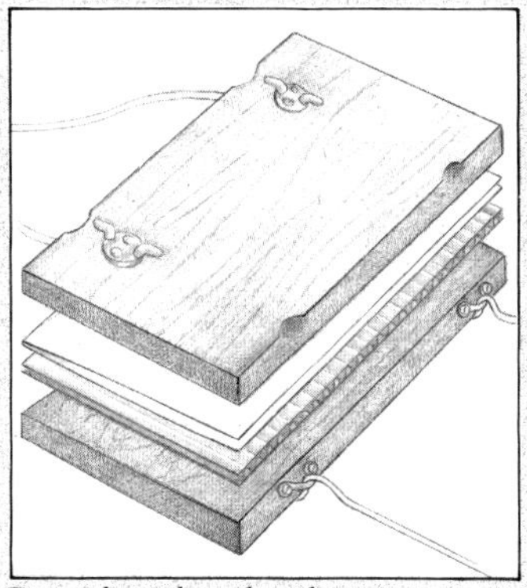

Deux lourdes planchettes en acajou sont maintenues serrées par deux cordes en nylon fixées à deux clapets vissés dans la planche supérieure.

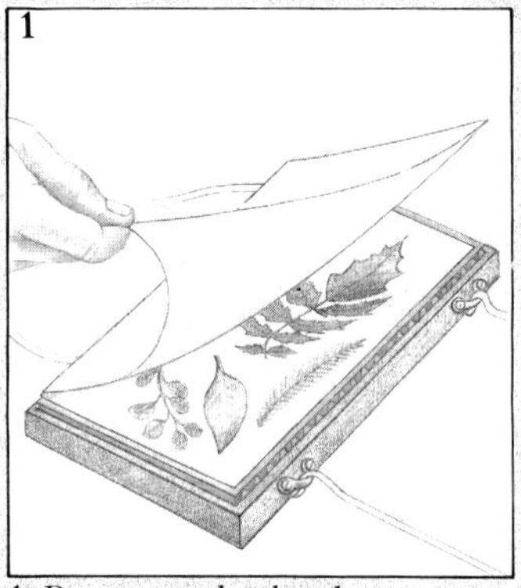

1 Recouvrez la planche inférieure de carton ondulé, puis d'une feuille repliée de papier buvard. Placez les premières feuilles ou fleurs.

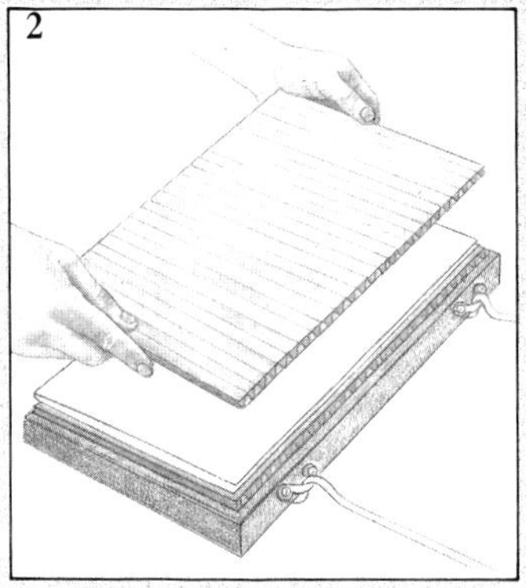

2 Recouvrez le papier buvard supérieur de carton ondulé et continuez à faire alterner carton, papier buvard et végétaux.

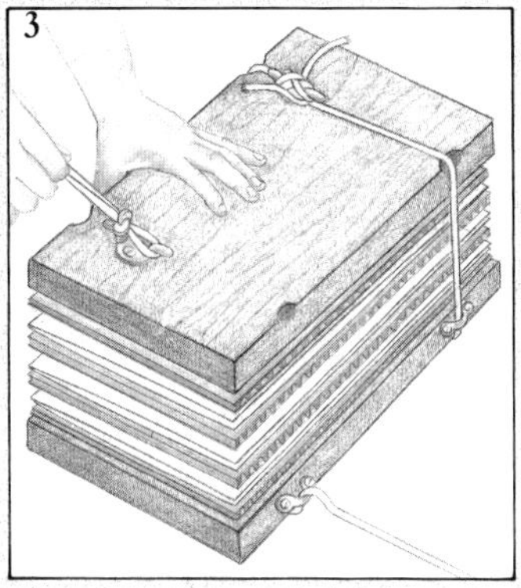

3 Fixez l'extrémité de chaque cordelette autour de son taquet, puis tirez le plus possible sur l'autre extrémité avant de la coincer à son tour.

Fleurs à étamines volumineuses

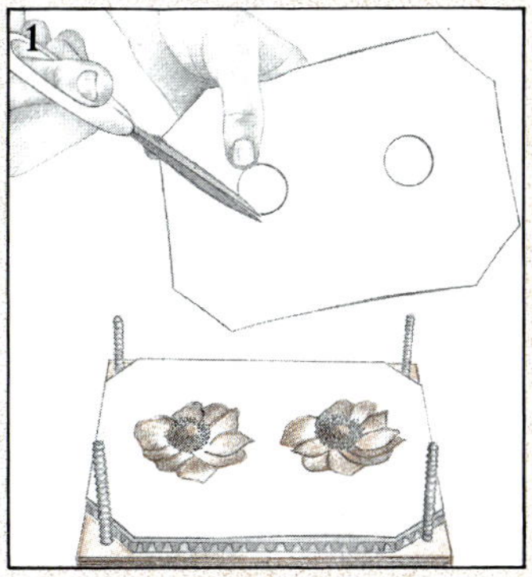
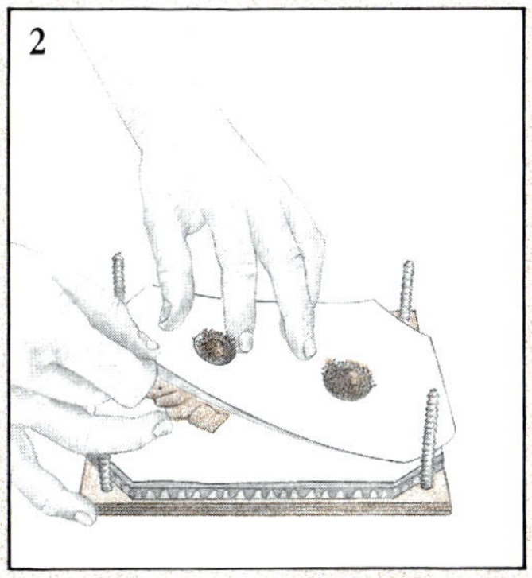
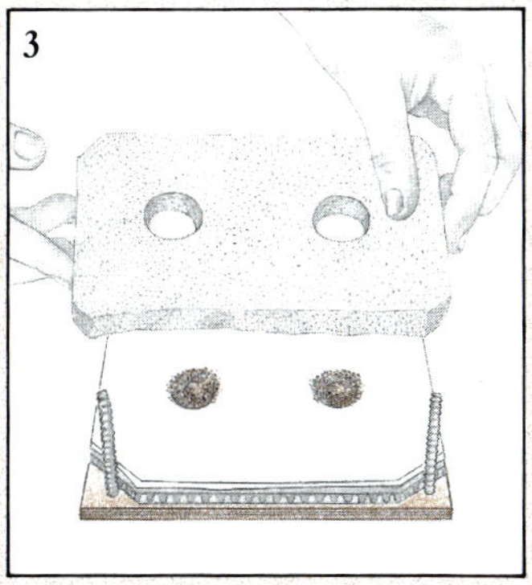
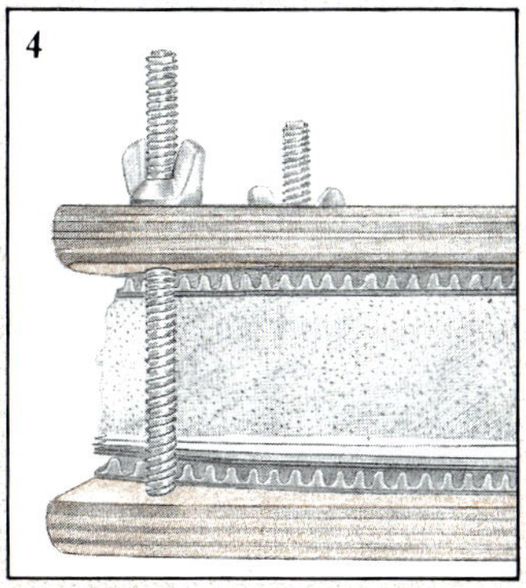

1 Découpez des trous de la taille du centre de la fleur dans le papier buvard.

2 Placez le papier buvard sur les fleurs, de telle sorte que seules les étamines dépassent par les trous.

3 Découpez de la même façon le carton ondulé ou, mieux, une tranche de mousse synthétique que vous placez au-dessus du papier buvard.

4 Recouvrez la mousse synthétique de carton ondulé et poursuivez le remplissage de la presse.

Feuilles pressées sous un tapis

Les feuillages de grandes dimensions, comme ceux de chêne, d'érable, de hêtre ou les fougères, peuvent sécher pressés sous un tapis (à gauche). Placez les feuilles entre plusieurs épaisseurs de papier journal sur le sol (en évitant les zones de passage fréquent). Vous pouvez faire sécher les fleurs plus petites, comme pensées ou roses, et les petites feuilles entre plusieurs épaisseurs de papier buvard ou de papier journal placées dans un gros livre (à droite).

Pressage dans un livre

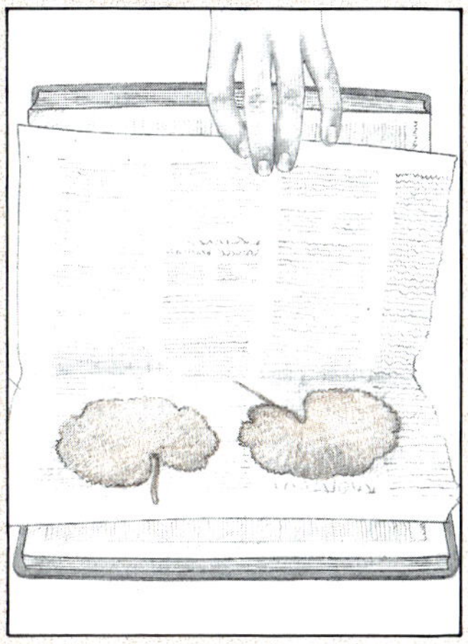

Les résultats obtenus
Cette sélection de plantes : pensée, stachys, hosta, hellébore, hortensia, alchémille, dryopteris, senecio et mahonia a été séchée sous presse.

RÉPARATIONS ET TRANSFORMATIONS

Les végétaux séchés sont souvent fragiles et se cassent facilement. Mais on peut généralement réparer sans difficultés les plantes abîmées. Si une fleur se détache de sa tige, pourvu qu'elle garde un petit morceau de pédoncule, vous pouvez aisément lui donner une nouvelle tige. Accolez une tige métallique ou une petite baguette contre la tige cassée, et assemblez-les avec du fil métallique dissimulé par du ruban adhésif coloré. La plupart des graminées, les pavots, ails d'ornement, pieds-d'alouette, achillées, physalis, carthamus et dahlias ont des tiges creuses. Si elles se cassent en deux, il est facile de les réparer en passant une extrémité de tige métallique dans la tige de l'inflorescence, l'autre extrémité dans la partie cassée. Poussez la partie cassée vers l'autre jusqu'à ce que le point de jonction soit quasiment invisible, comme représenté ci-contre. De la même façon, les tiges creuses peuvent être rallongées si besoin est. Il suffit d'insérer une tige métallique de la longueur voulue à l'intérieur de la tige creuse et de masquer la tige métallique sous un ruban coloré (voir p. 65).

Transformations

La forme ou la teinte de certaines plantes peuvent être modifiées pour faire plus d'effet dans des arrangements. Vous pouvez ainsi « éplucher » les enveloppes externes des gousses de la monnaie-du-pape, naturellement vert rosé, pour mettre en valeur le disque central, fin et nacré. Ces gousses, les unes dénudées, les autres non, se mettront mutuellement en valeur si vous les associez dans une composition. Plutôt que d'enlever l'enveloppe externe recouvrant partiellement les épis de maïs, pourquoi ne pas les laisser ? Au séchage, elles prennent souvent une teinte lustrée, beige rosé. Vous pouvez aussi transformer les amours-en-cage en fleurs à pétales ouverts. Procédez à cette opération quand la plante n'est pas encore trop sèche, car les fruits risqueraient de se fendre horizontalement lorsque vous détacherez les « pétales ».

Réparation d'une tige cassée

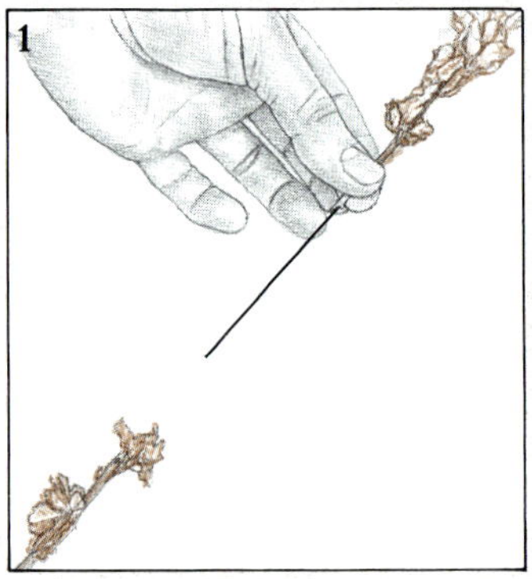

1 Pour réparer une tige creuse cassée, insérez une fine tige métallique dans le haut, sur au moins 5 cm et en laissant la tige dépasser d'au moins 5 cm également.

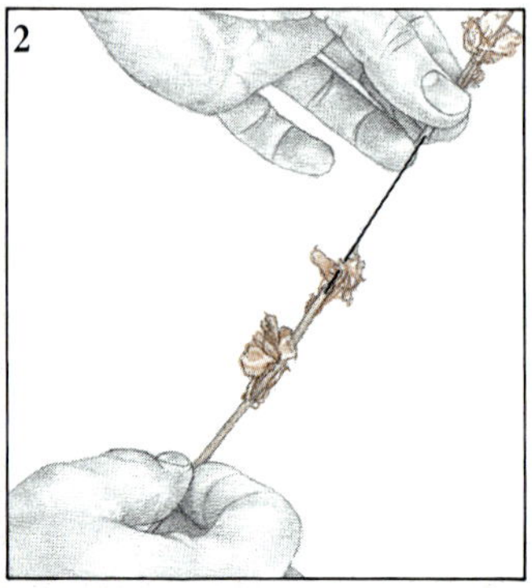

2 Poussez délicatement la partie cassée vers le haut, en l'enfilant sur la tige métallique jusqu'au point de jonction, le fil métallique étant ainsi dissimulé.

Comment rallonger une tige

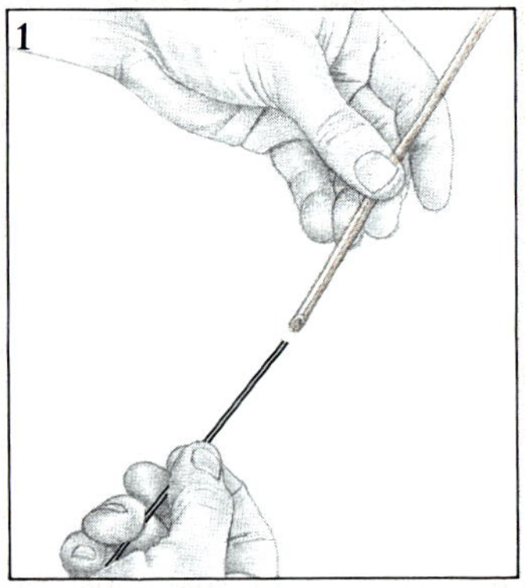

1 Pour rallonger une tige creuse, prenez une tige métallique de la longueur désirée et de calibre tel qu'elle passe juste dans la tige creuse.

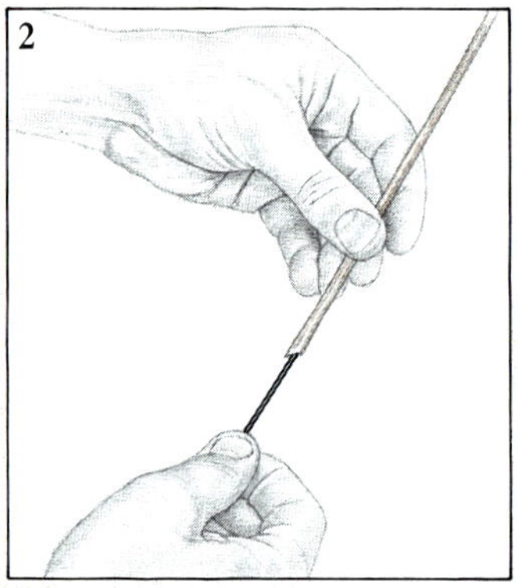

2 Insérez la tige métallique sur 5 à 10 cm à l'intérieur de la tige. Recouvrez toute la longueur de la nouvelle tige de ruban adhésif coloré, afin de masquer cette modification.

Montage d'un élément lourd

1 Pour rallonger la tige d'une inflorescence lourde, comme l'artichaut, accolez contre la tige une baguette en bambou.

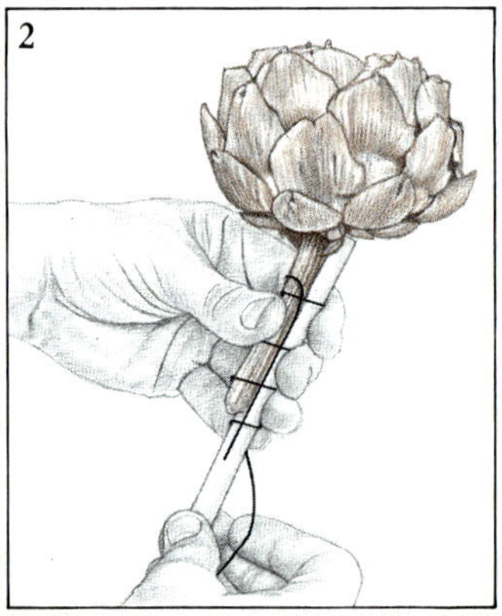

2 Placez une tige métallique de calibre moyen contre la baguette et, après l'avoir recourbée en haut, liez les deux tiges.

3 Recouvrez l'ensemble de ruban adhésif coloré que vous enroulez en descendant sur la tige.

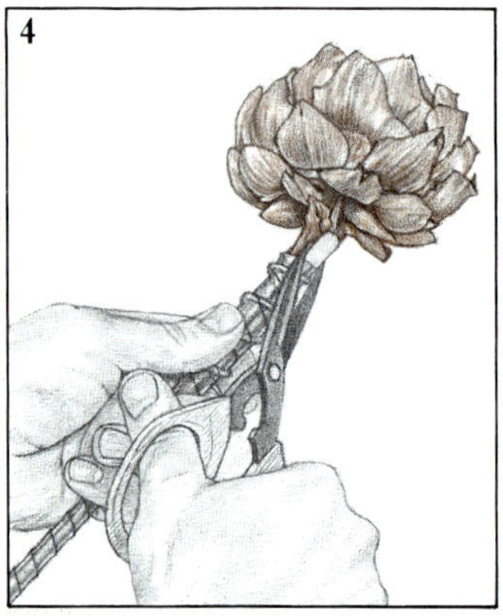

4 Si l'extrémité de la fausse tige est encore visible, juste sous l'inflorescence, recoupez-la en biseau au niveau du ruban adhésif.

Changement de teinte
(ci-dessous)
Quand les fruits vert rosé de la monnaie-du-pape sont sur le point de tomber, à l'automne, frottez délicatement l'une contre l'autre les membranes externes pour faire apparaître le disque central, beige nacré.

Squelettisation des feuilles
On trouve parfois de telles feuilles en forêt, quasiment réduites à un faisceau de nervures et malheureusement souvent abîmées. Pour transformer ainsi des feuilles assez coriaces, de lierre, magnolia ou laurier, faites-les bouillir dans une solution contenant 120 g de cristaux de soude pour 1 l d'eau, pendant environ une heure. Frottez ensuite délicatement le limbe des feuilles avec une petite brosse à dents pour faire ressortir le fin réseau de nervures.

Changement de forme

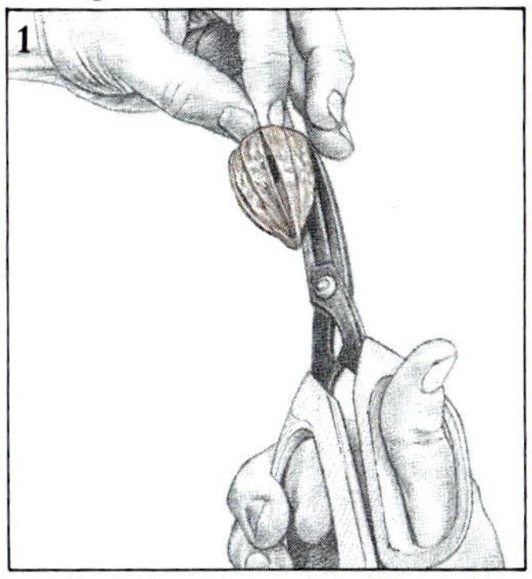

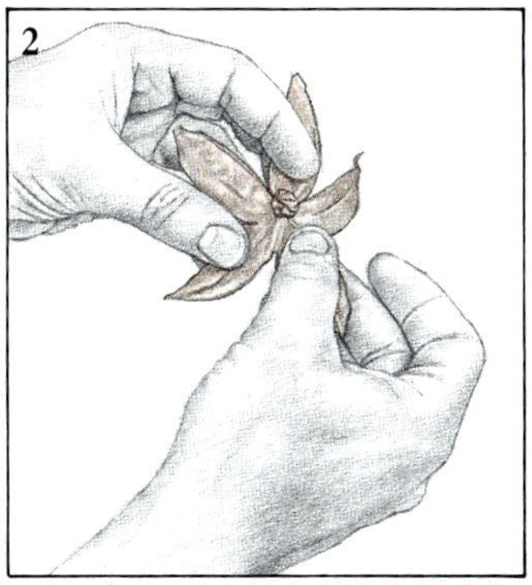

1 Pour ouvrir les lanternes orangées du physalis, pratiquez cinq incisions le long des nervures, de l'extrémité à la base du fruit.

2 Tirez délicatement sur les cinq segments ainsi découpés pour écarter les cinq « pétales » de cette fleur inhabituelle.

Modifications
Les fruits renflés des amours-en-cage ont été transformés en fleurs à pétales largement ouverts (à droite), tandis qu'on a enlevé les enveloppes externes de la monnaie-du-pape argentée (ci-dessous).

Il n'est pas nécessaire d'utiliser aussitôt les végétaux séchés dans des arrangements. Ils se conservent facilement plusieurs mois sans s'abîmer. Les bouquets suspendus la tête en bas pour sécher peuvent être, à leur façon, très décoratifs, si vous disposez de la place nécessaire pour les mettre en valeur (voir pp. 122-123). Pour conserver des plantes séchées dans un espace le plus petit possible, placez de petits bouquets ou de grandes inflorescences dans des boîtes en carton, en couches superposées, en intercalant du papier journal froissé ou du papier absorbant entre les fleurs pour les soutenir. La taille des boîtes dépend, bien sûr, des dimensions et de la quantité de plantes que vous voulez stocker. Les boîtes en carton dans lesquelles les fleuristes reçoivent leurs fleurs coupées conviennent tout à fait à cet usage. Vous pouvez sans doute en demander quelques-unes à votre fleuriste de quartier, car ces boîtes ne sont généralement pas réutilisées.

Remplissage des boîtes en carton

Différentes méthodes de remplissage des cartons avec des fleurs séchées vous sont présentées ci-contre et sur les deux pages suivantes. Vous choisirez celle qui convient le mieux à la nature et à la taille des bouquets que vous voulez stocker. Vous trouverez, au bas de la page ci-contre, la méthode classique pour emballer les petits bouquets de fleurs en les faisant se chevaucher partiellement. Si les bouquets que vous voulez conserver ont de longues tiges et sont plats, vous pouvez les poser à plat en couches superposées, comme indiqué ci-contre, à droite. Pour les plantes à fleurs délicates, comme les roses, suivez les indications de la page 182, en emballant séparément les bouquets avant de les mettre dans le carton.

Emballez individuellement les plantes à grandes fleurs comme delphiniums, pivoines et chardons, en fixant les tiges à la base du carton avec du ruban adhésif et en posant l'inflorescence sur du papier absorbant. En ce qui concerne les inflorescences très délicates, mieux vaut les envelopper une à une et les conserver soit suspendues, soit placées dans un vase sans eau.

Les plantes ayant été trempées dans une solution glycérinée se conservent bien également dans des cartons, comme les fleurs séchées à l'air, mais ne mélangez pas les deux catégories, car l'humidité contenue dans les plantes traitées à la glycérine pourrait faire pourrir les fleurs séchées. N'oubliez pas qu'à tous les stades du séchage et de la conservation, votre travail risque d'être ruiné si vous laissez les plantes dans une atmosphère humide. Si vous avez consacré un placard au séchage des plantes, il conviendra très bien également au stockage après séchage. Vous pouvez sans crainte laisser suspendues et non emballées des plantes séchées à côté d'autres en cours de séchage. Il faut cependant veiller à ce que l'air circule en permanence dans le placard. Au besoin, installez un petit ventilateur électrique pour obtenir une circulation d'air accrue.

Ne conservez que des plantes saines

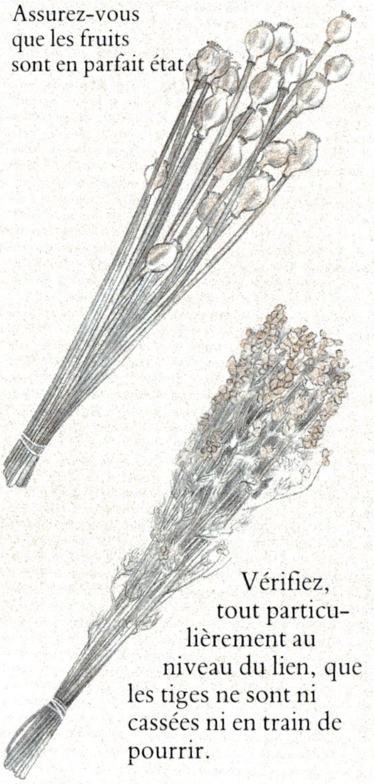

Assurez-vous que les fruits sont en parfait état.

Vérifiez, tout particulièrement au niveau du lien, que les tiges ne sont ni cassées ni en train de pourrir.

Contrôlez l'état des bouquets pour déceler les tiges cassées, les fleurs ou les fruits abîmés.

Massettes éclatées

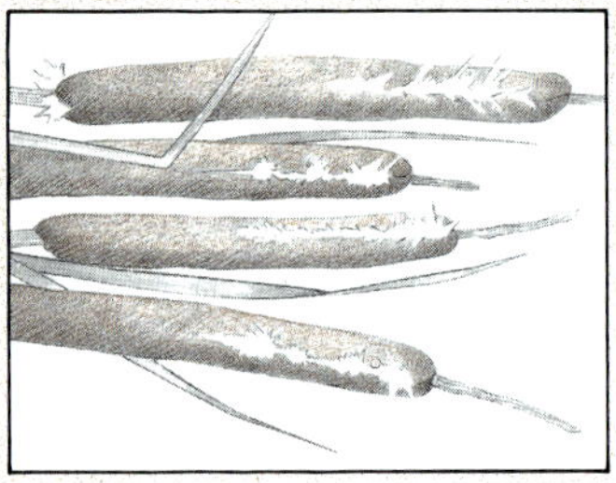

Lorsque vous achetez des végétaux séchés, assurez-vous qu'ils ne présentent aucun signe de moisissure, notamment au niveau du lien. Voyez s'il n'y a ni tiges cassées ni fleurs ou fruits abîmés. Les massettes non traitées avec un fixateur risquent fort d'éclater.

Emballage de végétaux assez plats

1

1 Pour emballer des végétaux assez plats dans un carton, étalez au fond une couche de papier journal légèrement froissé. Placez les tiges côte à côte au fond de la boîte, jusqu'à ce que toute la surface soit couverte.

2

2 Ajoutez une nouvelle couche de papier journal froissé, puis d'autres plantes. Continuez ainsi à remplir le carton jusqu'à 2-3 cm du bord supérieur. Couvrez de papier journal les plantes du dessus et refermez le couvercle.

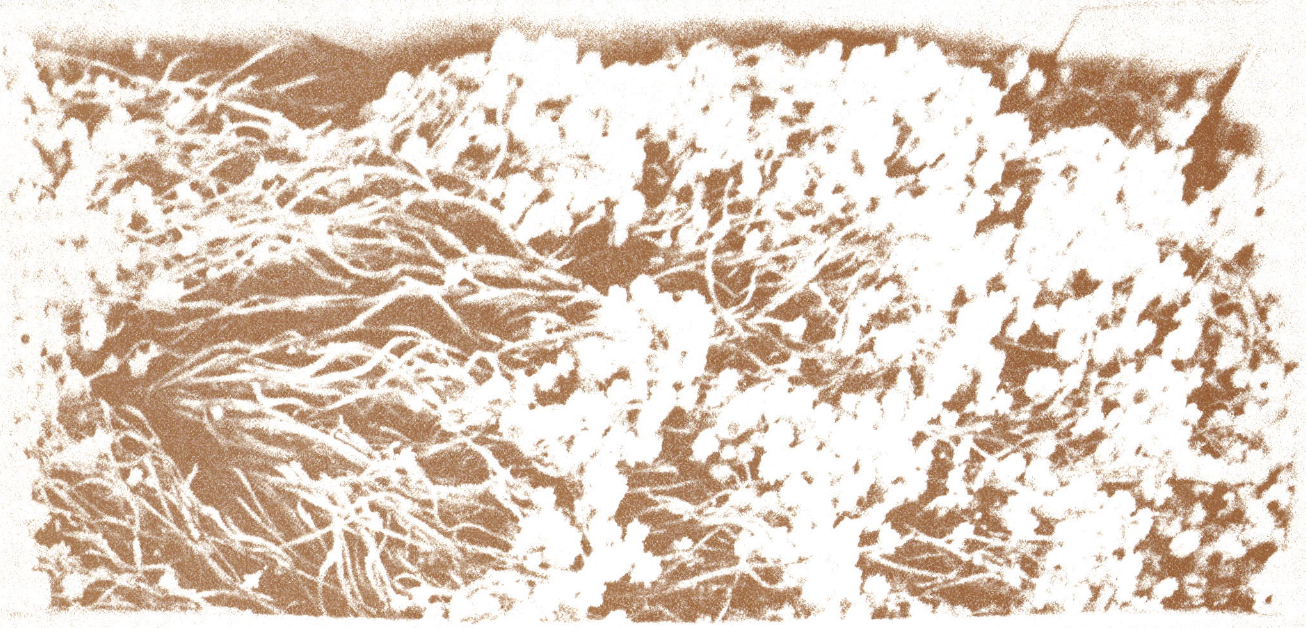

Emballage de petits bouquets

1 Disposez une rangée de petits bouquets à une extrémité de la boîte en carton. Recouvrez l'extrémité des tiges des fleurs d'une bande de papier absorbant.

2 Posez soigneusement la rangée suivante de bouquets sur le papier absorbant. Plus les fleurs à conserver sont délicates, plus il faut faire un bon rembourrage de papier.

3 Remplissez le carton au trois quarts, puis commencez à le remplir par l'autre extrémité, puis percez des trous pour y faire passer des ficelles qui maintiendront les bouquets en place.

Conservation dans un placard

Il est très pratique de pouvoir consacrer un placard au séchage et à la conservation des plantes. Vous pouvez suspendre des bouquets secs ou à sécher sur une tige fixée dans la partie supérieure (voir p. 172). Les plantes à tête lourde pourront sécher sur un cadre de grillage métallique maintenu par deux montants (voir p. 171). Sur une étagère, vous placerez une corbeille contenant des pommes de pin ou une caissette dans laquelle sèche de la mousse végétale. Enfin, les cartons contenant des fleurs séchées pourront être empilés dans le bas du placard.

Emballage des bouquets délicats

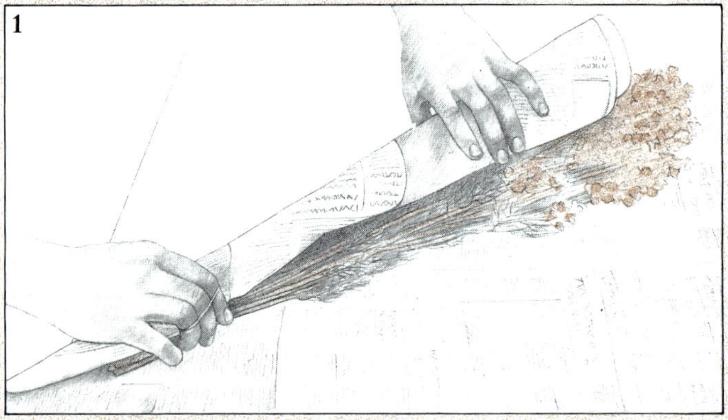

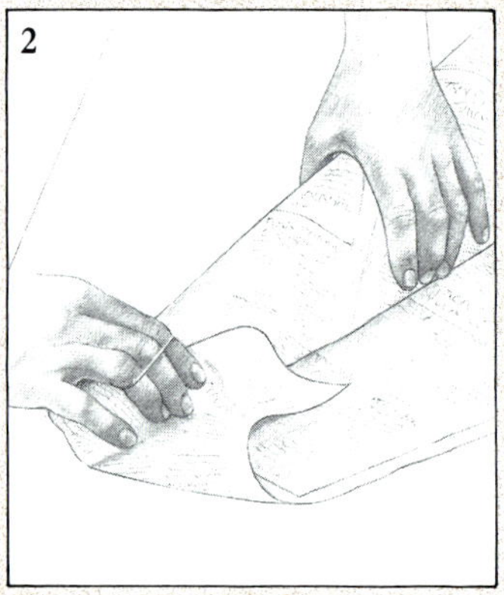

1 Pour conserver des bouquets de fleurs délicates, comme les roses, commencez par envelopper chaque bouquet individuellement dans du papier journal avant de le mettre dans un carton. Roulez délicatement le bouquet dans du papier journal pour former un cône, en repliant le bord pour qu'il garde bien cette forme.

2 Repliez la pointe du cône tout en l'enroulant, et serrez le bas avec un petit élastique une fois le bouquet emballé.

Placez les bouquets tête-bêche dans un carton.

Emballage des hortensias

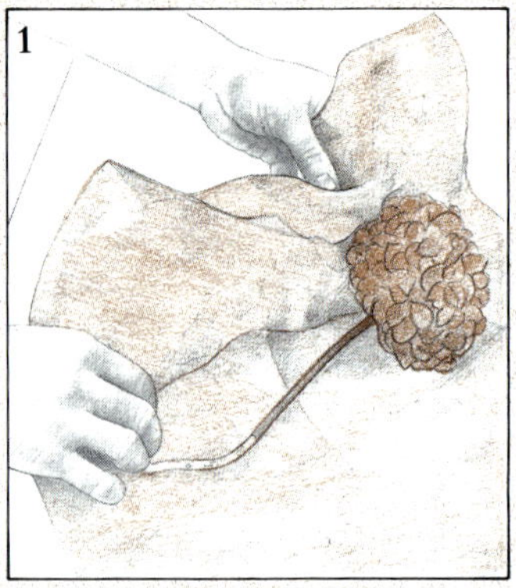

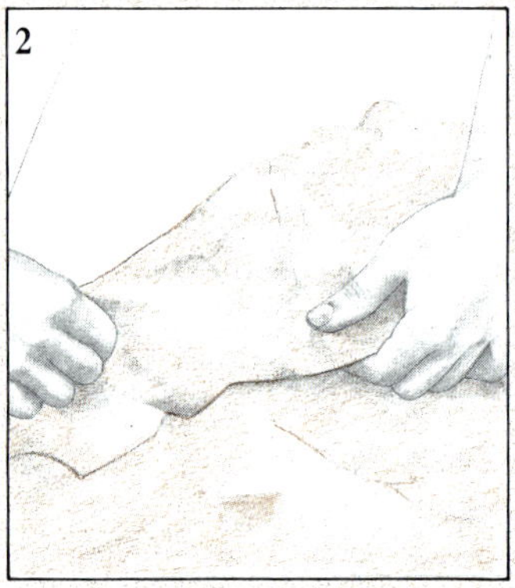

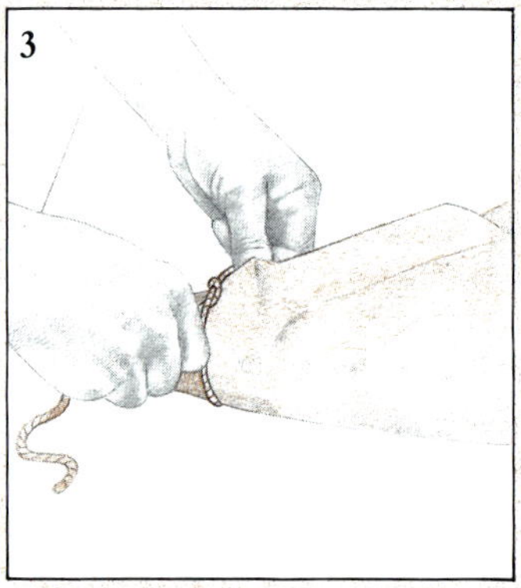

1 Les inflorescences de l'hortensia sont fragiles et doivent être emballées individuellement pour le stockage. Posez l'inflorescence sur du papier absorbant.

2 Formez un cône lâche autour de la fleur, en veillant à ne pas l'écraser. Maintenez le papier absorbant par du ruban adhésif.

3 Prenez un long brin de ficelle ou de raphia et attachez-le à 2-3 cm de la base de la tige. Avec les brins qui dépassent, faites une boucle pour l'accrochage.

Accrochez ces fleurs individuellement pour qu'elles sèchent.

Préparation des ails d'ornement pour la conservation

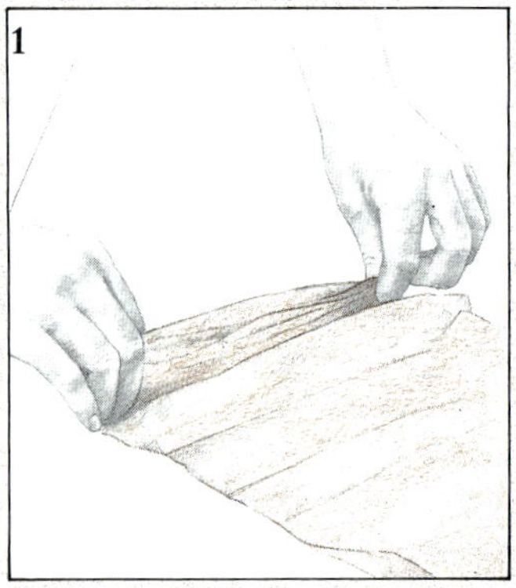

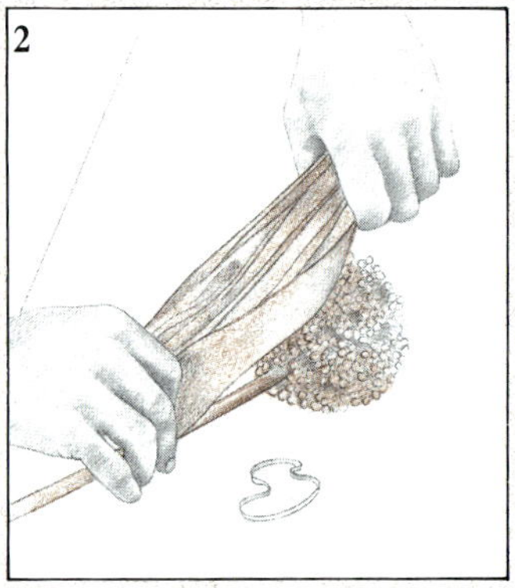

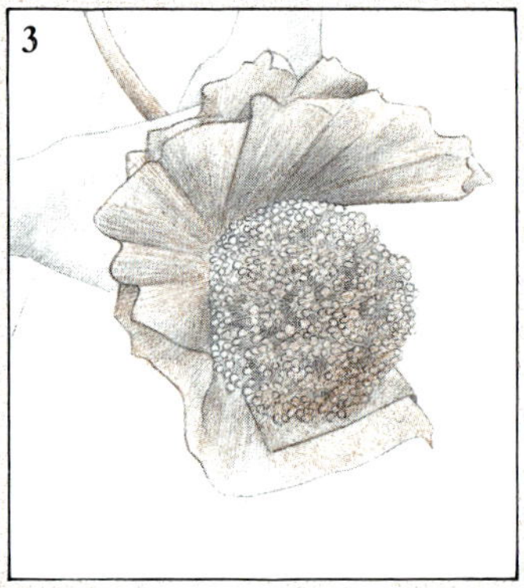

1 Pour protéger la délicate inflorescence de l'ail d'ornement, plissez du papier absorbant de 20 cm de largeur environ sur 60 cm de longueur.

2 Maintenez le papier plissé à environ 5 cm sous l'inflorescence et répartissez les plis autour de la tige pour former une collerette.

3 Fixez cette collerette à la base, avec un élastique ou une ficelle, en haut de la tige.

Disposez les tiges d'ail d'ornement dans un vase vide, dressées.

Il existe une incroyable variété de végétaux que l'on peut faire sécher et utiliser dans des compositions florales. Le tableau suivant est destiné à faciliter le choix des plantes. Au centre figurent les noms latin et vernaculaire de la plante, ainsi que le numéro de la page où elle est représentée. Vous trouverez également sa teinte, la longueur approximative de sa tige, la meilleure période pour la cueillette, et ses parties les plus décoratives. Pour chaque plante, la meilleure méthode de séchage est indiquée et le degré de difficulté du séchage est représenté par des symboles : • Facile •• Assez facile ∴ Difficile.

Couleur													Cueillette				Décoratif				Séchage			
Argenté	Blanc	Crème	Pourpre	Bleu	Vert	Brun	Jaune	Orange	Rose	Rouge	Longueur de la tige (cm)		Printemps	Été	Automne	Hiver	Fleurs	Rameaux	Feuilles	Fruits	Séchage à l'air	Glycérine	Dessiccatif	Pressage
							•				30-60	*Acacia* sp. Mimosa 30	•				•		•		•			
•											30-60	*Acacia* sp. Mimosa 54	•				•		•		•			
	•										60-90	*Acanthus spinosus* Acanthe 58			•		•				•			
							•				60	*Achillea filipendulina* 'Coronation Gold' *Achillée jaune foncé* 29		•			•				•			
									•		60	*Achillea millefolium* Achillée 25		•			•				•			
							•				60-90	*Achillea* sp. Achillée jaune d'or 31		•			•				•			
							•				60	*Achillea* sp. Achillée jaune clair 31		•			•				•			
							•				50	*Achillea* sp. Achillée 33		•			•				•			
			•								60-90	*Aconitum napellus* Aconit 50		•			•				••			
	•										45	*Agonis juniperina* 57			•		•		•		•			
	•										50	*Agonis* sp.			•			•			•			
									•		25-30	*Aira* sp. 20			•					•	•			
									•		25-30	*Aira* sp. 21			•					•	•			
					•		•				25-30	*Alchemilla mollis* Alchémille 30		•			•		•		•			•
						•					60-90	*Allium aflatunense* Ail d'ornement 44			•					•	•			
									•		45	*Allium* sp. Ail d'ornement 20			•					•	•			
		•									25-40	*Allium* sp. Ail d'ornement 59			•					•	•			
					•						45	*Alyssum* sp. 38		•						•	•			
					•						25-50	*Amaranthus caudatus* 'Viridis' Amaranthe queue-de-renard 39		•						•	•			
			•								25-50	*Amaranthus* sp. Amaranthe queue-de-renard 50, 51		•						•	•			
	•										45	*Ammobium* sp. Immortelle des sables 57		•			•				•			
					•						60	*Anethum graveolens* Aneth 36			•		•				••			
										•	60-90	*Anigozanthos rufus* 25			•		•				•			
							•				60-90	*Anigozanthos* sp. 29			•		•				•			
		•									60-90	*Anigozanthos* sp. 60			•		•				•			
	•										15-30	*Anthemis nobilis* Camomille commune 55		•			•				•			
		•									30	*Aphyllantes* sp. Bragalou 59		•			•				•			
							•				20-25	*Arctosis* sp. 30		•			•				•			
						•					90-120	*Artemisia vulgaris* Armoise 42		•				•			•			
					•						150-250	*Arundinaria* sp. Bambou 37		•	•			•	•		•			
					•						150-200	*Arundinaria* sp. Bambou 38		•	•			•	•		•			
					•						120-150	*Arundinaria* sp. 41		•	•			•	•		•			
				•							70	*Astilbe davidii* Astilbe 50, 51	•				•				•			
							•				60	*Banksia attenuata* 31		•			•				•			
							•				60	*Banksia baxteri* 30		•			•				•			
										•	60	*Banksia menziesii* 21		•			•				•			
										•	90	*Banksia occidentalis* 21		•			•		•		•			
	•										90	*Banksia prionotes* 60		•			•				•			
					•						90	*Banksia* sp. 37	•						•		•			
						•					60+	*Betula pendula* Bouleau pleureur 43				•		•			•			
					•						45	*Briza maxima* Grande brize 36, 37			•					•	•			
									•		30-45	*Briza media* Brize, amourette 21			•					•	•			
					•						30	*Briza minima* Petite brize 36			•					•	•			
									•		45	*Bromus* sp. Brome 20			•					•	•			
	•				•						60	*Bupleurum* sp. Buplèvre 55			•		•		•		•			
		•									45	*Cacalia* sp. 59		•			•				•			
						•					45	*Calamus* sp. 42		•						•	•			
								•			30	*Calendula officinalis* Souci des jardins 33		•			•				••			•
										•	60	*Callistemon beaufortia sparsia* Rince-bouteille rouge 23		•			•				•			
						•					60-90	*Callistemon citrinus* Rince-bouteille cramoisi 41		•					•	•	•			
					•						45	*Calytrix* sp. 38		•					•		•			

Couleur													Cueillette				Décoratif				Séchage			
Argenté	Blanc	Crème	Pourpre	Bleu	Vert	Brun	Jaune	Orange	Rose	Rouge	Longueur de la tige (cm)		Printemps	Été	Automne	Hiver	Fleurs	Rameaux	Feuilles	Fruits	Séchage à l'air	Glycérine	Dessiccatif	Pressage
					●						30	*Capsella* sp. Bourse-à-pasteur 38	●							●	●			
						●					60-75	*Carex* sp. Laîche 45			●					●	●			
●											30	*Carlina acaulis* Carline 'Caulescens' 58			●		●				●			
								●			60-90	*Carthamus tinctorius* Safran bâtard 33		●			●				●			
										●	20-25	*Celastrus* sp. 24			●					●	●●			
									●	●	30	*Celosia argentea cristata* Célosie crête-de-coq 25		●			●				●			
			●	●							30	*Centaurea cyanus* 50, 51		●			●				●●			
●											45	*Cephalipterum drummondii* Immortelle à fleurs argentées 55		●			●				●			
					●						45	*Chenopodium* sp. Chénopode 39		●						●	●			
		●									120-150	*Chenopodium* sp. Chénopode 59		●				●			●			
	●				●						30+	*Choisya ternata* Oranger du Mexique			●		●		●			●		●
							●				60	*Chrysanthemum* sp. Tanaisie 30			●		●				●			
							●				30	*Chrysanthemum* sp. Chrysanthème 32			●		●				●			
							●				60	*Chrysanthemum vulgare* Tanaisie 32			●		●				●			
●											5	*Cladonia* sp. Lichen 60			●	●			●		●			
		●									20-25	*Clematis* sp. Fruits de clématite 60			●					●	●			
	●										15	*Clematis vitalba* Clématite sauvage 60			●			●		●	●			
	●			●					●		60-90	*Delphinium consolida* Pied-d'alouette 22		●			●				●			
		●									150-250	*Cortaderia selloana* Herbe de la pampa 54			●					●	●			
		●									150-250	*Cortaderia selloana* Herbe de la pampa 57			●					●	●●			
		●									150-250	*Cortaderia selloana* Herbe de la pampa 59			●					●	●			
							●				30	*Craspedia globosa* 28		●			●				●●			
						●					120-150	*Cynara scolymus* Artichaut 44			●					●	●			
									●		60	*Cynara* Artichaut 20			●		●			●	●			
						●					60	*Cyperus papyrus* Papyrus 45		●						●	●			
	●							●	●	●	30-60	*Dahlia* sp. Dahlia pompon 25		●			●				●●		●●	
	●			●					●		60-90	*Delphinium consolida* Pied-d'alouette 48		●			●				●			
				●							90	*Delphinium elatum* Delphinium vivace 50		●	●		●				●●		●●	
				●							60	*Delphinium* sp. Delphinium à petites fleurs 51		●				●			●			
		●									90	*Delphinium* sp. Delphinium crème 56		●	●		●				●●		●●	
	●										90	*Delphinium* sp. Delphinium blanc 57		●	●		●				●●		●●	
		●									90	*Dianthus* sp. Œillet (fruits) 58		●						●	●			
							●				60	*Dryandra formosa*	●				●				●			
							●				60	*Dryandra polycephala*	●					●			●			
							●				30-60	*Dryandra quercifolia* 31		●			●				●			
					●						60	*Dryandra* sp. 40		●				●			●			
					●						60	*Dryopteris filix-mas* Fougère mâle 38		●					●					●
				●							60	*Echinops ritro* Petite boule bleue 48			●					●	●●			
				●							60-90	*Echinops ritro* Boule bleue 48, 49		●						●	●●			
									●		25-60	*Erica cinerea* Bruyère cendrée 24			●		●				●			
				●							60	*Eryngium* Panicaut 49			●					●	●			
●											60	*Eucalyptus cinerea* Eucalyptus, gommier 60			●				●		●	●		
					●	●					90	*Eucalyptus ficifolia* Eucalyptus			●	●				●	●			
●											30-60	*Eucalyptus globulus* Gommier bleu de Tasmanie 54			●				●	●	●	●		
					●	●					90	*Eucalyptus gummifera* Gommier			●	●				●	●			
					●						60-90	*Eucalyptus niphophila* Eucalyptus, gommier neige			●				●	●	●	●		
						●					60	*Eucalyptus* sp. Eucalyptus à feuillage bronze 25			●				●			●		
●											30-60	*Eucalyptus tetragona* Eucalyptus, gommier			●				●	●	●			
					●						60-90	*Fagus sylvatica* Hêtre 24		●				●	●		●			●
			●								60-90	*Fagus sylvatica* 'Cuprea' Hêtre cuivré 24		●				●	●		●	●		●
									●		30-60	*Festuca* sp. Fétuque rose 20			●					●	●			
									●		30-60	*Festuca* sp. Fétuque rose pâle 21			●					●	●			
						●					30-60	*Festuca* sp. Fétuque 45			●					●	●			
	●								●		45	*Gomphrena globosa* Amarantoïde 23		●			●				●●			
	●										60-90	*Gossypium herbaceum* Coton 57		●						●	●			
					●						60+	*Grevillea* sp. 39		●					●		●			
					●						5	*Grimmia pulvinata* Mousse 39				●			●		●			
	●										45	*Gypsophila* sp. Gypsophile 56		●			●				●			
					●						30+	*Hakea cucullata* 38			●				●		●			
					●	●					60-90	*Hakea* sp. 41			●			●	●		●			
					●						30	*Hedera helix* Lierre 38		●	●				●			●●		●●

Couleur													Cueillette				Décoratif				Séchage			
Argenté	Blanc	Crème	Pourpre	Bleu	Vert	Brun	Jaune	Orange	Rose	Rouge	Longueur de la tige (cm)		Printemps	Été	Automne	Hiver	Fleurs	Rameaux	Feuilles	Fruits	Séchage à l'air	Glycérine	Dessiccatif	Pressage
							•				20-25	*Helichrysum angustifolium* Immortelle puante 28		•			•				•			
									•		45	*Helichrysum bracteatum* Immortelle de teinte pêche 22		•			•				•			
										•	45	*Helichrysum bracteatum* Immortelle des jardins rouge 24		•			•				•			
										•	45	*Helichrysum bracteatum* Immortelle des jardins rouge foncé 25		•			•				•			
		•									45	*Helichrysum bracteatum* Immortelle des jardins 58		•			•				•			
•											60	*Helichrysum cordatum* 56		•				•			•			
							•				30	*Helichrysum italicum* Immortelle à fleurs en bouquets 28		•			•				•			
							•				45	*Helichrysum* sp. Immortelle jaune pâle		•			•				•			
							•				45	*Helichrysum* sp. Immortelle jaune d'or		•			•				•			
							•				45	*Helichrysum* sp. Immortelle à feuillage argenté		•			•				•			
	•										15	*Helichrysum* sp. Immortelle miniature 54, 55		•			•				•			
•											45	*Helichrysum* sp. Immortelle à feuillage argenté 55		•				•			•			
•											20-25	*Helichrysum* sp. Immortelle argentée 56		•			•				•			
									•		45	*Helipterum manglesii* Rhodanthe 22		•			•				•			
	•										45	*Helipterum manglesii* Rhodanthe 56		•			•				•			
									•		45	*Helipterum roseum* Acroclinium 22		•			•				•			
									•		45	*Helipterum* sp. Acroclinium 23		•			•				•			
							•				45	*Helipterum* sp. 29		•			•				••			
	•										45	*Helipterum* sp. Acroclinium 56		•			•				•			
	•										15	*Helipterum* sp. 57		•			•				•			
		•									20-25	*Helipterum* sp. 59		•			•				•			
		•									90	*Heracleum spondylium* Berce 59			•					•	•			
							•				45	*Hordeum* sp. Orge 42			•					•	•			
					•						45	*Hordeum vulgare* Orge 37			•					•	•			
		•			•						45	*Hosta* sp. (fruits) 58			•				•	•	•			•
						•					45	*Humulus lupulus* Houblon 44			•			•		•	••			
					•						30-60	*Hydrangea macrophylla* Hortensia 21			•		•				•••	•••		
						•					30-60	*Hydrangea macrophylla* Hortensia 37			•		•				•••	•••		
			•								30-60	*Hydrangea macrophylla* Hortensia 40			•		•				•••	•••		
		•									30-60	*Hydrangea macrophylla* Hortensia 49			•		•				•••	•••		
			•								30-60	*Hydrangea macrophylla* Hortensia 58			•		•				•••	•••		
										•	30-60	*Hydrangea macrophylla* 'Générale Vicomtesse de Vibraye' Hortensia 48			•		•				•••	•••		
					•						30-60	*Hydrangea paniculata* Hortensia paniculé 37			•		•				•••	•••		
	•										30	*Ixodia achilleoides*	•	•			•				•			
	•										30	*Ixodia* sp. 57		•			•				•			
						•					60	*Juncus* sp. Jonc 40			•					•	•			
					•						45	*Kingia australis* 56		•					•		•			
	•										30	*Lachnostachys* sp. 56		•			•				•			
		•									45	*Lapsana* sp. Herbe-aux-mamelles 58			•					•	•			
						•					15	*Larix* sp. Cône de mélèze 43			•					•	•			
				•							30-45	*Lanvandula spica* Lavande 48		•			•				••			
						•					30	*Lecythis usitata* 42			•					•	•			
									•		30	*Leptospermum* sp. 23		•			•				•			
						•					30-60	*Leucodendron rubrum* 42		•			•				•			
										•	30	*Leucodendron* sp. 25		•			•				•			
					•						30	*Leucodendron* sp. 40		•					•		•			
					•	•					45	*Leucodendron* sp. 45		•			•		•		•			
						•					30-60	*Leucodendron stelligenum* 41		•						•	•			
		•									30-45	*Liatris* sp. Liatride 60		•			•				•			

Couleur											Longueur de la tige (cm)		Cueillette				Décoratif				Séchage			
Argenté	Blanc	Crème	Pourpre	Bleu	Vert	Brun	Jaune	Orange	Rose	Rouge			Printemps	Été	Automne	Hiver	Fleurs	Rameaux	Feuilles	Fruits	Séchage à l'air	Glycérine	Dessiccatif	Pressage
									●		30-45	*Liatris spicata* Liatride 24		●			●				●			
			●								45	*Limonium sinuatum* Statice mauve 50		●			●				●			
			●								45	*Limonium sinuatum* Statice pourpre 51		●			●				●			
			●								45	*Limonium sinuatum* Statice rose pourpré 51		●			●				●			
									●		45	*Limonium* sp. Statice rose saumon		●			●				●			
							●				45	*Limonium* sp. Statice à fleurs jaunes 30		●			●				●			
								●			45	*Limonium* sp. Statice rose saumon 32		●			●				●			
				●							30-45	*Limonium* sp. Lavande de mer à grandes fleurs 48		●			●				●			
				●							30	*Limonium* sp. Lavande de mer 49		●			●				●			
	●										60	*Limonium* sp. Lavande de mer 54		●			●				●			
	●										30	*Limonium* sp. Lavande de mer 57		●			●				●			
		●									45	*Limonium* sp. Statice crème 57		●			●				●			
	●										45	*Limonium* sp. Lavande de mer 60		●			●				●			
									●		45-60	*Limonium suworowii* Statice queue-de-rat 24		●			●				●			
									●		45-60	*Lunaria rediviva* Monnaie-du-pape 20			●					●	●			
●											45-60	*Lunaria rediviva* Monnaie-du-pape (épluchée) 60			●					●	●			
					●						90+	*Macrozamina communis*	●	●	●	●			●				●	
●											45	*Melaleuca* sp. 55		●						●	●			
						●					45-60	*Milium* sp. Millet 44			●					●	●			
					●						1-3	*Mnium* sp. Mousse 38		●					●		●			
		●									30-60	*Molucella laevis* Clochette d'Irlande 58		●				●			●●	●●		
						●					20-25	*Nelumbo lucifera* Lotus (fruits) 43			●					●	●			
					●						45	*Nigella damascena* Nigelle 39		●						●	●			
						●					45	*Nigella damascena* Nigelle 44		●						●	●			
●											60	*Olearia* sp. 55		●						●	●			
									●		45	*Paeonia lactiflora* Pivoine 21		●			●				●●●		●●●	
		●									45	*Papaver rhoeas* Coquelicot (fruits) 59		●						●	●			
									●		60	*Pennisetum* sp. 21			●					●	●			
									●		30	*Phaenocoma prolifera* 23	●				●				●			
					●						45	*Phalaris arundinacea* Herbier, chiendent-ruban 37		●						●	●			
					●						45	*Phleum pratense* Fléole des prés 37		●						●	●			
●							●				30-45	*Phlomis fruticosa* Sauge en arbre 30		●			●		●	●	●			
						●					45	*Phragmites australis* Roseau 40, 41, 43		●	●					●	●			
								●			60	*Physalis alkekengi franchetti* Amour-en-cage 32			●					●	●			
						●					60	*Physocarpus* sp. 45		●						●	●			
						●					7-8	*Pinus ayacahuite* Cône de pin blanc du Mexique 43			●					●	●			
						●					7-8	*Pinus* sp. Cône de pin 42			●					●	●			
					●	●					90	*Pinus sylvestris* Pin sylvestre 40			●				●	●	●			
						●					3	*Pinus sylvestris* Cône de pin sylvestre 43			●					●	●			
	●										45	*Pithocarpa corymbulosa* 55		●			●				●			
									●		30	*Protea compacta* Protée 20		●			●				●			
●											30+	*Protea* sp. Protée 60		●			●				●			
					●						30+	*Quercus palustris* Chêne des marais 36		●					●					●
						●					30+	*Quercus palustris* Chêne des marais 43		●					●					●
							●				25	*Ranunculus* sp. Bouton d'or 32	●				●				●●			
					●						90+	*Reseda lutea* Réséda 38			●					●	●			
										●	20-25	*Rosa* cv. Rose floribunda rouge vermillon 22		●			●				●			
									●		20-25	*Rosa* cv. Rose miniature de teinte brique 23		●			●				●			
							●				20+	*Rosa* cv. Rose hybride de thé jaune orangé 33		●			●				●		●	
									●		20+	*Rosa* 'Gerda' Rose hybride de thé bordée de rose 22		●			●				●		●	
							●				20+	*Rosa* 'Golden Times' Rose hybride de thé jaune foncé 28		●			●				●		●	
										●	45	*Rosa* 'Ilona' Rose hybride de thé écarlate 24		●			●				●		●	
	●										20+	*Rosa* 'Jack Frost' Rose hybride de thé à fleurs blanches 58		●			●				●		●	
										●	20+	*Rosa* 'Jaguar' Rose hybride de thé bordée d'écarlate 25		●			●				●		●	
									●		20+	*Rosa* 'La Minuette' Rose hybride de thé de teinte bronze 29		●			●				●		●	
			●								20	*Rosa* cv. Rose miniature de teinte lilas 49		●			●				●			
										●	20+	*Rosa* 'Mercedes' Rose hybride de thé rouge cerise 23		●			●				●		●	
						●					120+	*Rumex* sp. Parelle, oseille 33			●					●	●			
					●						90+	*Scirpus* sp. Souchet 36		●					●		●			

Argenté	Blanc	Crème	Pourpre	Bleu	Vert	Brun	Jaune	Orange	Rose	Rouge	Longueur de la tige (cm)		Printemps	Été	Automne	Hiver	Fleurs	Rameaux	Fruits	Feuilles	Séchage à l'air	Glycérine	Dessiccatif	Pressage
						●					60-90	*Scirpus* sp. Souchet 41			●					●	●			
					●						10	*Selaginella* sp. Sélaginelle 39		●					●		●●	●●		
●											30	*Senecio greyi* 54		●					●		●			●
●											45	*Serruria* sp. 56		●						●	●			
					●						45	*Setaria verticillata* Sétaire 37		●						●	●			
									●		30	*Silene* sp. Silène 22		●			●				●●			
							●				90+	*Solidago canadensis* Verge d'or 31			●			●			●			
							●				90+	*Solidago canadensis* 'Lemore' Verge d'or 39			●			●			●			
					●						5	*Sphagnum* sp. Sphaigne 58		●					●		●			
					●						5	*Sphagnum* sp. Sphaigne 59		●					●		●			
●											20+	*Stachys lanata* Oreille-d'ours 54		●					●		●			●
●											60	*Stirlingia latifolia* 55		●			●				●			
					●						45+	*Tilia* sp. Tilleul 36		●				●						●
						●					90	*Typha angustifolia* Massette à feuilles étroites 42			●					●	●●			
						●					120	*Typha latifolia* Massette à feuilles larges 42			●					●	●●			
●											45+	*Verbascum* sp. Molène 54		●				●			●			
		●									45	*Verticordia brownii*		●			●				●			
							●				45	*Verticordia nitens*		●			●				●			
							●				45	*Verticordia* sp. 31		●			●				●			
		●									45	*Verticordia* sp. 59		●			●				●			
						●					75+	*Xanthorrhoea* sp.				●				●	●			
●											15+	*Xylomelum angustifolium* 58			●					●	●			
								●			120	*Zea mays* Maïs doux (fruits) 33			●					●	●●			

Column groups: **Couleur** (Argenté to Rouge); **Cueillette** (Printemps, Été, Automne, Hiver); **Décoratif** (Fleurs, Rameaux, Fruits, Feuilles); **Séchage** (Séchage à l'air, Glycérine, Dessiccatif, Pressage).

A

B

C

D

E

F

G

H

R

S

T

V

X

Z

Achevé d'imprimer le 1. 4. 1988 par PRINTERS srl, Trento, Italie